PROF. DR. MICHAEL HAMM

EURO-ASIATISCHE KÜCHE

Fernöstlich inspirierte Menüs
von André Jaeger, Rainer Becker
und Hans-Jürgen Hartmann

fotografiert von Edith Gerlach

HÄDECKE

ISBN 3-7750-0206-5

Fotos: Studio Gerlach BFF, Frankfurt, mit den Köchen Rainer Becker, Hans-Jürgen Hartmann, André Jaeger. Farbtafel Seite 88/89 und Wok-Abbildung Seite 147: Silit-Werke, Riedlingen.
Warenkunde-Aufnahmen für japanische Sojasauce und Tofu (Seite 139, 141): Komplettbüro München (Kikkoman).
Schutzumschlag: Entwurf von Lothar Hebel nach einem Foto von Edith Gerlach.

Die Rezepte und Ratschläge in diesem Buch wurden von den Autoren und vom Verlag sorgfältig geprüft, dennoch kann eine Garantie nicht übernommen werden. Eine Haftung des Verlages und seiner Beauftragten oder der Autoren für etwaige Personen-, Sach- oder Vermögensschäden ist ausgeschlossen.

Satz: Fotosatz Schmid GmbH, Weil der Stadt.
Druck: Mohndruck Gütersloh. Printed in Germany 1990.

Inhalt

Vorwort 7

Euro-asiatisch essen – Ein sinnliches Vergnügen und dazu gesund 8

- Die Küchen Asiens 8
- Herzgesund und figurfreundlich 9
- Leicht genießen auf asiatische Art 9
- Fettarm, aber voller Geschmack 10
- Ein Hochgenuß für alle Sinne 10

Asiatisch kochen 11

Asiatisch essen – eine Mode? 11

Lebensmittel und typische Zutaten für die asiatisch inspirierte Küche 14

- Japanische Eßgewohnheiten 14
- Trinken und Getränke 14
- Brot, Milch und Eier – oder frühstücken Japaner anders? 15
- Japanische Fondues: schmackhaft und leicht 15
- Japan-Diät 15

Garmethoden und Küchengeräte 18

- Pfannenrühren — was ist das eigentlich? 18
- Gargerät Nr. 1 ist der Wok 18
- Wichtige Küchenhelfer 18
- Lebensmittel aus dem Dampf bleiben saftig und in Form 18
- Asiatische Zutaten 19
- Abkürzungen 19

Rezept-Teil

- Menüs von Rainer Becker ab Seite 23
- Menüs von Jürgen Hartmann ab Seite 62
- Menüs von André Jaeger ab Seite 102

Asiatische Zutaten von A bis Z 131

Die Köche und ihre Häuser 142

Nützliche Adressen für die Liebhaber der »Euro-Asiatischen Küche« 148

Rezeptverzeichnis 150

Warum ich dieses Buch angeregt und geschrieben habe.

Als Ernährungswissenschaftler befasse ich mich seit 15 Jahren mit der Beratung von Breiten- und Leistungssportlern. Ich selbst bezeichne mich als bewußten Genießer, kaufe gerne ein und koche auch selbst — am liebsten italienisch und asiatisch inspirierte Gerichte.
Als Buchautor habe ich bereits mehrere Kochbuchprojekte ernährungswissenschaftlich begleitet, ebenso eine Serie zu Fitnessfood mit Rezepten aus der italienischen Fitnessküche in einer großen deutschen Frauenzeitschrift.
1988 wurde ich vom Japanischen Sportbund und Olympischen Komitee als einziger europäischer Wissenschaftler zum 1. Internationalen Kongreß »Sport und Ernährung« in Tokio eingeladen, um dort über die Praxis der Sporternährungsberatung in Deutschland zu berichten. Auf dieser Reise lernte ich die Japanische Küche kennen und schätzen. Sie ist für mich die internationale Fitnessküche schlechthin: leicht und frisch, kohlenhydrat- und vitaminreich sowie fettarm. Damit war der Anstoß gegeben, diese Küche und ihre speziellen Zubereitungstechniken für den fitnessbewußten Genießer auch bei uns bekannt und schmackhaft zu machen.
Bei meinen Restaurantbesuchen in Deutschland und der Schweiz lernte ich drei Küchenchefs kennen, die die asiatisch inspirierte Küche vorbildhaft umsetzen. *Rainer Becker* vom *Restaurant Graugans* im *Hyatt-Hotel* in Köln, *Hans-Jürgen Hartmann* vom *Restaurant Topaz* in Bremen und als einen der Wegbereiter dieser Küche in Europa *André Jaeger* vom *Restaurant Fischerzunft* in Schaffhausen. Ich bin froh, daß ich sie als kompetente Mitautoren dieses Buches gewinnen konnte.
Genießen Sie leicht und mit Muße auf asiatische Art.

Hamburg, im Sommer 1990
Ihr Michael Hamm

Prof. Dr. Michael Hamm, Jahrgang 1951, Ernährungswissenschaftler an der Fachhochschule Hamburg mit den Arbeitsschwerpunkten Sporternährung, Ernährungsphysiologie, Ernährungsverhalten und Gesundheitserziehung.

Euro-asiatisch essen
Ein sinnliches Vergnügen und dazu gesund!

Asiatisch zu essen, hat Hochkonjunktur. Es ist Mode geworden, chinesisch zu kochen und indonesische, thailändische, vietnamesische, koreanische und japanische Restaurants auszuprobieren. Dies geschieht aber längst nicht mehr nur aus kulinarischer Neugier. Die frische und leichte Art zu kochen, liegt voll im Trend der Küche der Zukunft.

Die Küchen Asiens

Beim ersten Blick fallen die Gemeinsamkeiten auf: Reis ist Grundnahrungsmittel. Die Sojasauce gehört fast überall dazu. Gemüse dominiert tradionell vor Fleisch. In küstennahen Gebieten wird mehr Fisch gegessen. Die Zutaten werden meist klein geschnitten und mit Stäbchen gegessen.
Diese Art der Nahrungsaufnahme kann für uns eine wichtige Übung sein, um sich auf das Essen zu konzentrieren und somit langsam zu essen. *Und wer langsam ißt, genießt bewußter und gesünder.*
Natürlich gibt es in Asien wie in Europa regionale Unterschiede in der Küche, meist bedingt durch die klimatischen und geographischen Gegebenheiten, die wiederum Einfluß auf das Lebensmittelangebot haben. In einem riesigen Land wie *China* findet man bekanntlich auch von Provinz zu Provinz unterschiedliche Küchen. So lassen sich zum Beispiel vier Hauptregionen unterscheiden: Die südliche oder *Kanton-Küche* vervollkommnete das *Pfannenrühren im Wok.* Frische Produkte und mild gewürzte Gerichte stehen im Vordergrund. *Dim-Sum,* eine Art Hors d'oeuvre aus gefüllten Teigtaschen sind eine typische kantonesische Spezialität. Wir kennen meistens auch die westliche oder *Szechuan-Küche,* die mit ihrem allgegenwärtigen roten Chili stärker gewürzt und scharf erscheint. Die bekannte *scharf-saure Suppe* stammt aus dieser Region. Die Kochtechnik ist oft aufwendig, da bei vielen Gerichten mehrere Garmethoden kombiniert werden. Die östliche oder *Schanghai-Küche* ist dagegen bei uns weniger bekannt. Sie gilt als schwer und ihre Gerichte tendieren zur Süße. Die nördliche oder *Peking-Küche* hat wiederum ein weltbekanntes Gericht hervorgebracht: die köstliche *Pekingente. Lammgerichte* und die bevorzugte Verwendung von *Knoblauch* sind ebenfalls typisch. Auch der *mongolische Feuertopf* hat hier seinen Stammplatz.
Chinesische Gartechniken, wie Pfannenrühren, sind für die asiatisch inspirierte Küche ebenso wichtig wie das Qualitätsbewußtsein der *Japaner* bei der Lebensmittelauswahl und natürlich auch Anregungen — wie zum Beispiel beim Würzen — aus den verschiedenen, vielseitigen Küchen Asiens. Im Vordergrund einer asiatisch inspirierten Fitnessküche steht der Leitsatz:

> So leicht, so frisch, so natürlich
> und so einfach wie möglich.

Herzgesund und figurfreundlich

Die asiatische — speziell japanische — Küche ist nicht nur ein Erlebnis für Augen und Gaumen, sondern auch Fitnessernährung pur. Wer ernährungsbewußt lebt, kommt an dieser Ernährung aus dem fernen Osten nicht mehr vorbei. Sie ist fett- und kalorienarm, dafür reich an Vitaminen und Mineralstoffen sowie — im Gegensatz zur allgemeinen Auffassung von gesunder Ernährung — ein ästhetisches Vergnügen. Frische Lebensmittel — am besten der Jahreszeit entsprechend — sind das A und O. Die Garzeiten sind kurz, das erhält Vitamine, natürliche Farb- und Geschmacksstoffe.
Auf große Fleischportionen, tierische Fette und mächtige Sahnesaucen wird zugunsten einer ausgewogenen Kombination aus pflanzlichen und tierischen Eiweißträgern verzichtet. Traditionell überwiegt der Fisch- den Fleischverzehr. Gemüse einschließlich Sojabohnen spielen neben Reis eine große Rolle und werden stets abwechslungsreich verwendet.
Während Deutsche, Amerikaner und Engländer zirka 40 Prozent ihrer täglichen Kalorien aus Fetten zu sich nehmen, kommt der Japaner in der Großstadt nur auf 23 Prozent, der Japaner auf dem Lande sogar nur auf 11 Prozent Fett.
Die obersten Gebote der japanischen Küchenphilosophie sind *Frische der Zutaten und Sorgfalt bei der Nahrungszubereitung,* die dem Eigengeschmack der Lebensmittel gerecht wird. Demgegenüber stehen das Würzen und die »Kochkunst« zurück. Gewürze unterstreichen nur den Eigengeschmack.
Am deutlichsten wird das Qualitätsbewußtsein der Japaner beim Verzehr von Sashimi, rohem Fischfilet, in mundgerechte Stücke geschnitten und am besten mit Sojasauce — der traditionellen Flüssigwürze Asiens, einem Gärungsprodukt aus Sojabohnen und Weizen — und Wasabi, dem japanischen grünen Meerrettich, serviert. Hier schmeckt wirklich nur fangfrischer Fisch. Ein weiteres Beispiel ist das auch bei uns beliebte Sushi, bei dem die beiden wichtigsten Grundnahrungsmittel Japans kombiniert werden: ein Snack aus Fisch und Reis, den man mit den Fingern ißt.

Leicht genießen auf asiatische Art

Wenn Fisch gegart wird, geschieht dies meist im Dampf. Probieren Sie einmal Lachs im Bambuskörbchen gedämpft. Das ist eine besonders schonende, fettarme Gartechnik und ein köstlicher, leichter Genuß.
Ebenso weit entfernt von unserer oft fettreichen Fischbratküche ist die ursprünglich aus Portugal stammende Tempura. Fischfilet, Tintenfisch oder Shrimps, aber auch Gemüsestücke werden in Eiteig und heißem Öl knusprig ausgebraten. Anschließend läßt man das Fett auf Küchenpapier abtropfen. Für die Tempura sollte immer frisches Öl verwendet werden, dann stimmen Geschmack und Gesundheitswert. Dazu gibt es Soße, Rettich und Ingwer. Eine weitere schmackhafte und empfehlenswerte Zubereitung für Fisch ist das Grillen.

Fettarm, aber voller Geschmack

Ausgesprochen fettarm ist das japanische Fondue. *Sukiyaki* ist die beliebteste Variante davon und auch für Europäer ein idealer Einstieg in die Fitnessküche auf asiatische Art. Die frischen Zutaten — Rinderfilet hauchdünn geschnitten (evtl. in der Pfanne kurz angebraten) und Gemüse als Stifte oder grob gehackt — sowie die Glasnudeln, werden in Gemüsebrühe bei kurzer Garzeit gekocht. Eine andere Variante ist das *Shabu Shabu,* benannt nach dem Geräusch, das sich für japanische Ohren beim Bewegen des Fleisches mit Stäbchen in leise siedender Brühe ergibt. Ein besonderes Erlebnis: Alles am Tisch zubereiten und genießen. Zum Abschluß nach dem eigentlichen Fondue wird jedem Gast die besonders aromatische Brühe in einer kleinen Schale gereicht. So kommt man auch in den Genuß der wertvollen wasserlöslichen Mineralstoffe. In Japan und China werden *Dashi* (eine besonders fettarme Brühe aus Konbu bzw. Bonitoflocken — dem Thunfisch verwandter Fisch — und Seetang) und als weitere Variante Hühnerbrühe verwendet. Die europäische Variante ist eine fettarme Gemüsebrühe auf Hefebasis. Mit Salz kann man auf jeden Fall sparsam umgehen, wird doch die Würzkraft der Brühe beim Fonduevorgang zunehmend intensiver.

Ein Hochgenuß für alle Sinne

Neben der Qualität der Rohstoffe und Zubereitung wird ebenso viel Wert auf das Anrichten der Speisen gelegt. Bekanntlich ißt auch das Auge und nicht zuletzt die Seele mit. Die Farbtafeln dieses Buches geben Beispiele dafür. Der Anspruch an Wohlgeschmack, Präzision und Ästhetik ist in keiner Küche der Welt so ideal vereint wie in der japanischen. Die Köche erhöhen die Freude an einem guten Essen noch zusätzlich dadurch, daß sie es raffiniert anrichten. Die Zutaten der Jahreszeiten erfahren durch eine passende, kunstvolle Dekoration eine Abrundung, die das Eßerlebnis zu einer anmutigen Huldigung an die betreffende Jahreszeit werden läßt. Neben die bewußte Einfachheit der Zubereitung tritt der ausgeprägte Sinn für höchst ästhetische Arrangements, die auch die Grundelemente der japanischen Kultur verdeutlichen: Schlichtheit und unaufdringliche Eleganz.

Zum Nachtisch überraschen uns exotische Früchte, zum Beispiel Litschis, Baby-Ananas, Mangostan, vielleicht ergänzt mit Kokoseis oder Eis aus Litschi-Früchten. Erfrischend leicht ist ein Frucht-Gelee — auch aus einheimischen Beerenfrüchten, nur mit Birnendicksaft gesüßt und Agar-Agar, dem gelierenden Stoff aus Algen.

Asiatisch Kochen

Zur Abwechslung können wir im Sinne der euro-asiatischen Küche unseren gewohnten Zutaten und Gerichten gern einmal einen japanischen Akzent verleihen. Auch umgekehrt tut es dem »Asiatischen« keinen Abbruch, Rezepte nach Lust und Laune abzuwandeln. Hauptsache, Sie bleiben dem Qualitätsprinzip dieser leichten, jahreszeitlich orientierten Frischeküche treu und verfallen nicht wieder in die alte »Mengenlehre« der gewohnten Küche mit ihren reichlichen Fleischportionen und fettreichen Soßen.

Ein unschätzbarer Küchenhelfer in der asiatischen Küche ist der WOK, der Inbegriff für die fernöstliche und chinesische Küche schlechthin. In diesem »Universalgerät« können Sie praktisch alle Zubereitungsarten anwenden, ob das das typische »Pfannenrühren« (= unter Rühren braten) oder Fritieren, Schmoren, Kochen und Dämpfen ist. Feingeschnittenes, frisches Gemüse und Fleisch, ebenso Pilze und Meeresfrüchte werden zum Beispiel unter Rühren auf den Punkt — meist in Sesam- oder Erdnußöl gebraten. So bleibt alles knackig und vitaminfrisch. Die hohen Temperaturen wirken ja nur kurz ein. Man kann die frischen Zutaten auch mit Teig umhüllen und goldgelb knusprig kroß backen. Alles in allem werden Fleisch und Fett viel sparsamer als in unserer Küche verwendet. Dazu werden Reis und aromatische, süß-saure bis scharfe Würzsoßen gereicht.

Die bevorzugte Verwendung von Gewürzen, Würzsoßen und Marinaden unterscheidet sicherlich die traditionelle chinesische und auch andere asiatische Küchen am deutlichsten von der japanischen. Wir können von beiden profitieren, vom Qualitätsbewußtsein der japanischen Köche bei der Rohstoffauswahl und Nahrungszubereitung und der chinesischen »Erfindung« des wohl vielseitigsten Küchengerätes der asiatischen Küche.

Asiatisch Essen — eine Mode?

Zugegeben, es ist schick geworden, also »in«, in Großstädten auch bei uns *Sushi* zu genießen. Japanische und euro-asiatische Restaurants sind eine willkommene Variante der neuen leichten Küche. Sie ermöglichen gerade auch, vegetarisch orientiertes Eßerlebnis und gesunden Genuß in Einklang zu bringen. Fitness- und Figurbewußte profitieren gleichermaßen von dieser leichten Küche auf fernöstliche Art, die dem Trend der modernen Sporternährung folgend leicht ist und leistungsfördernde Nährstoffe wie Vitamine und Mineralstoffe in den Mittelpunkt der Ernährung stellt. Nicht zuletzt wird auch der beruflich Gestresste, Vielreisende und Manager erleichtert feststellen, daß das gefürchtete Arbeitsessen nicht mehr zum Kalorienalptraum wird, wenn das Business-Menü (siehe Seite 23f.) auf asiatische Art leicht und frisch zubereitet wird.

Lassen Sie sich verführen und zum Nachkochen anregen von den folgenden Rezepten der neuen asiatisch inspirierten Küche, die Essen zu einem Eßerlebnis für Gaumen und Seele, mit Muße und Stäbchen machen will.

Zutaten für die Euro-Asiatische Küche (Farbtafel, folgende Doppelseite) von links: Chinakohl, Frühlingszwiebeln, frisches Korianderkraut, Shiitakepilze, Möhren, Kaiserschoten, Maiskölbchen und Tarowurzelknollen; daneben japanische Buchweizennudeln, getrocknete Wolkenohr-Pilze, Rotbrasse, umgeben von essbaren Algen, Sternanis, Zitronengras; auf dem Spieß: Tofuwürfel, natur und Tofuwürfel, geräuchert; im Bambuskörbchen (Steam basket): hauchdünn geschnittenes Rinderfilet und eine Teigtasche im Reismehlblatt auf frischen Algen (Seetang); die Früchte, oben, von links: Bananen, Karambole (Sternfrucht), Mangostane, Physalis (Kapstachelbeere), Maracuja (Passionsfrucht), Rambutan, frischer Ingwer; am Bildrand: Papaya und Mango. ▷

Lebensmittel und typische Zutaten für die asiatisch inspirierte Küche

Zumindest darin sind sich Gesundheitsbewußte und Feinschmecker einig: Die Frische der Zutaten und die qualitätsbewußte Lebensmittelzubereitung sind das A und O beim Essen und Genießen.
Japaner haben seit jeher eine hohe Achtung vor der Natur — insbesondere vor allen Lebensmitteln, die sie mit größter Sorgfalt auswählen und behandeln. Dabei können die europäische Küche und Lebensmittelauswahl mit asiatischen Zutaten angereichert und nach den Prinzipien der japanischen und chinesischen Küche zubereitet werden. Ob die Schwerpunktsetzung mehr auf dem Einheimischen oder Fernöstlichen liegt, soll dem persönlichen Geschmack und der eigenen Fantasie sowie dem jeweiligen Lebensmittelangebot überlassen bleiben. In jedem Fall ergibt sich ein kulinarisch und gesundheitlich anspruchsvoller Dialog der Küchen aus Nah und Fern, aus West und Ost.
Selbstverständlich können die in diesem Buch vorgestellten Menüs auch Anregungen für Einzelgerichte und kleine Mahlzeiten geben.
Frisches Gemüse und Geflügel, fangfrische Fische, Krusten- und Schalentiere, gut abgehangenes Rindfleisch, manchmal auch fettarmes Schweinefleisch sowie Lamm und Wild, sind der einheimische Beitrag zur asiatisch inspirierten Küche. Exotische Früchte und Zutaten von Austernsoße bis Wasabi ergeben die fernöstliche Note. Gegart wird auf leichte, asiatische Art im Wok oder mongolischen Feuertopf.

Traditionell bietet Japan die Frischküche Nr. 1 weltweit. In der chinesischen Küche greift man mehr auf getrocknete Produkte und auf Soßen zurück. Soßen und Gewürze dürfen in der japanischen Küche nie dominieren, sondern ergänzen und unterstreichen nur den Eigengeschmack frisch zubereiteter Lebensmittel.

Japanische Eßgewohnheiten

Am deutlichsten wird der Unterschied zu unserer gewohnten Ernährung, wenn man weiß, daß in Japan dreimal warm gegessen wird (natürlich frühstückt heute ein Großteil der Japaner auch wie bei uns, nämlich mit Kaffee und Brot). Bei allen Mahlzeiten stehen Reis, Gemüse, Algen, Soja und Fisch im Vordergrund, ergänzt durch Fleisch, das traditionell in der japanischen Ernährung keine große Rolle spielte — deshalb auch die Vielfalt der Sojazubereitungen.
Gemeinsames Merkmal der Küchen Asiens ist das Kleinschneiden der Lebensmittel, die dann anschließend schnell gegart werden, so daß das Aroma und die Nährstoffe weitgehend erhalten bleiben. Die mundgerecht geschnittenen Gemüsestücke bleiben knackig. Für pfannengebratene und gedämpfte Fleischgerichte wird auch das Fleisch fast ausnahmslos kleingeschnitten, in Streifen, dünne Scheiben oder Würfel, damit es schnell gar wird und zart bleibt.

Trinken und Getränke

Umeshu, ein fruchtiger japanischer Pflaumenlikör, eignet sich gut als Apéritif. Zu euroasiatischen Gerichten passen neben Sake — Reiswein als trockene oder liebliche Sorte, je nach Jahreszeit gekühlt oder warm getrunken — auch leichte, trockene Weiß- und Roséweine oder Bier sowie selbstverständlich Wasser bzw. Mineralwasser. Zum Abschluß des Essens wird grüner japanischer Tee gereicht.

Brot, Milch und Eier — oder frühstücken Japaner anders?

Traditionell wird in Japan dreimal warm gegessen, also der Tag auch mit Reis, Misosuppe, Gemüse, Fisch und Seetang begonnen. Mittags gibt es — meist am Arbeitsplatz — eine leichte Mahlzeit, während das Abendessen die eigentliche Hauptmahlzeit darstellt.
Da in Japan lange Zeit keine Rinderzucht betrieben wurde, spielten Milchprodukte wie Butter, Sahne, Käse, Trinkmilch und übrigens auch Eier in der traditionellen Küche keine Rolle. Natürlich frühstücken Japaner heute auch mit Brot, Käse, Wurst und Kaffee. Die Übernahme westlicher — vor allem amerikanischer — Ernährungsgewohnheiten führt bei der jüngeren Generation führt allerdings zu einem Anstieg des Fett- und Proteinverzehrs, der gesundheitlich nicht vorteilhaft ist.
Eine »gesunde Mischung« aus asiatisch inspirierter Küche und unseren Eßgewohnheiten ergibt sich aus der Kombination von Frühstück und Zwischenmahlzeiten auf der Basis von Getreide, fettarmen Milchprodukten und Obst mit einem Mittag- oder Abendessen, die auf asiatische Art leicht und frisch zubereitet werden. Die neue »Mengenlehre« in der Küche sollte dabei zugunsten von Gemüse und Reis ausfallen. Nicht verzichten werden wir allerdings auf Gerichte mit Kartoffeln, die ja nicht nur wichtige Stärke- und Mineralstofflieferanten, sondern auch bedeutende Vitamin C-Lieferanten in der deutschen Ernährung sind.

Japanische Fondues: schmackhaft und leicht

Sehr beliebt sind in Japan auch Fonduegerichte mit Gemüsen, Fisch und Meeresfrüchten, Pilzen und Fleisch, die nicht in siedendem Fett, sondern in kochender Brühe gegart werden. Auch hier werden die frischen Zutaten entsprechend vorbereitet, d.h. klein- bzw. feingeschnitten und in Schälchen bereitgestellt. Dazu gibt es schmackhafte Soßen, zum Beispiel Ponzusoße aus Dashi, Zitronensaft, japanische Sojasauce und Reiswein. Leichter und genußvoller kann man einen Fondue-Abend kaum gestalten. Neben einem normalen Fonduetopf mit Rechaud, kann man auch einen stilechten Mongolischen Feuertopf für Holzkohle oder Rechaud benutzen. Dazu gibt es spezielle Fondue-Siebe.

Japan-Diät

Vielleicht kommt es Ihnen »japanisch« vor: Mit der asiatisch inspirierten Küche können Sie schlankwerden und schlankbleiben, ohne auf Genuß zu verzichten. Das Erfolgsgeheimnis beruht auf den Zutaten und der Zubereitung. Besonders die japanische Küche ist ausgesprochen leicht. Im Mittelpunkt stehen frische Produkte, reichlich Gemüse und Fisch kommen auf den Tisch, mit Fetten hingegen geht man sparsam um. Außerdem gibt es fast kein Gericht, das nicht zumindest ein Produkt aus den wertvollen Sojabohnen enthält. Sich nach dem Genießen wohlzufühlen ohne Fett und Kalorienbelastung, das gelingt am besten auf euro-asiatische Art.

Verschiedene Gewürze, Geräte, Geschirre und nützliche Küchenhelfer ▷

S&B
ハウス
方頭魚
興津鯛

Garmethoden und Küchengeräte

Pfannenrühren — was ist das eigentlich?

Die chinesische »Erfindung«, das Pfannenrühren, ist eine besonders schnelle Garmethode, bei der die verschiedenen Zutaten je nach deren Gardauer in den Wok gegeben und unter Rühren mit dem Pfannenheber oder Wok-Spatel gegart werden. Am Schluß werden die Lebensmittel zugegeben, die am wenigsten Garzeit benötigen. Pfannenbraten (Pfannenrühren), Fritieren und Dämpfen sind neben der Fonduezubereitung die hauptsächlichen Garmethoden in der japanischen und chinesischen Küche.

Gargerät Nr. 1 ist der Wok,

der Inbegriff der fernöstlichen Küche, in dem man braten, schmoren, fritieren, dämpfen und kochen kann. Kein Küchengerät der Welt ist so vielseitig einsetzbar. Diesen Topf in Form einer Halbkugel mit einem Deckel gibt es heute auch bei uns in verschiedenen Ausführungen (Größe und Material) zu kaufen. Empfehlenswert sind gußeiserne oder Edelstahl-Woks. Es gibt auch Woks mit einer Antihaftbeschichtung, die zudem besonders gut zu reinigen sind, sich aber wegen der Antihaftbeschichtung leider nicht so stark erhitzen lassen.
Ursprünglich auf offener Flamme eingesetzt, werden heute Woks mit Metallringen für den Gasherd oder mit abgeflachtem Boden für den Elektroherd, aber auch solche mit elektrischer Erhitzung oder Rechaud (siehe Foto Seite 147) angeboten. Beide kann man gut zur Zubereitung am Eßtisch nutzen.
Restaurants besitzen Woks bis zu einem Meter Durchmesser, für 4 Personen ist ein Wok mit 40 bis 50 cm ∅ empfehlenswert. Erfolgsvoraussetzung beim Garen mit dem Wok ist, daß man die Zutaten rechtzeitig vorbereitet und in kleinen Schälchen bereitstellt, damit ein reibungsloser Ablauf der Zubereitung ermöglicht wird.

Wichtige Küchenhelfer

Der *Wok-Ring* für den Gasherd und der *Wok-Spatel* oder Pfannenheber zum Pfannenrühren wurden bereits erklärt.
Die zum Essen benötigten *Holzstäbchen* eignen sich auch zum Kochen, denn sie werden nicht heiß. Dann gibt es noch das sogenannte *Tempura-Netz, Chromgitter* für die *Bambus-Töpfe* zum Dämpfen und einen *Sieblöffel mit Holz- oder Bambusgriff.* Der Sieblöffel wird ähnlich unserem Schaumlöffel oder wie das Fritiernetz verwendet. Damit ist die Grundausstattung für das »Kochen wie in Asien« bereits beschrieben.

Lebensmittel aus dem Dampf bleiben saftig und in Form

Die Beschreibung des Woks wäre unvollständig, wenn man nicht auf die Möglichkeit des Dämpfens hinweisen würde. Das Dämpfen trägt besonders gut zur Erhaltung des Eigengeschmacks frischer Lebensmittel bei. Gedämpfte Gerichte sind saftig, zart und fein im Geschmack. Probieren Sie einmal Seezunge über Zitronengras gedämpft oder Garnelen bzw. Gemüse aus Bambus-Töpfchen im Wok gedämpft. Übrigens, beim Dämpfen wird der Wok mit einem Küchentuch abgedeckt.

Die in Asienläden erhältlichen Bambus-Töpfchen (Steam basket) sind die traditionellen Einsätze zum Dämpfen im Wok und sehen natürlich auch beim Servieren auf dem Tisch sehr ansprechend aus. Es gibt jedoch auch spezielle Dampfkochtöpfe und Siebeinsätze, die aus einem ganz normalen Kochtopf einen Dampfkochtopf machen können. Die neue Generation der »Schnellkochtöpfe« läßt dank ausgereifter Technik sehr kurze Garzeiten zu, daher bleiben Aroma- und Mineralstoffe, die Farbe und die Vitamine hervorragend erhalten.

Asiatische Zutaten

Keine Angst vor dem Lebensmitteleinkauf. Asiatische Läden gibt es heute in fast allen größeren Städten. Viele der nachfolgend beschriebenen Zutaten und Produkte erhalten Sie auch in den Spezialabteilungen von großen Lebensmittelgeschäften und Kaufhäusern oder Sie besprechen die Produktbeschaffung mit dem Koch Ihres Vertrauens.
Die Sojasauce ist auch bei uns zu einem Standardgewürzmittel geworden. Tofu ist in unterschiedlichen Formen ebenfalls nahezu überall erhältlich (auch im Reformhaus). Etwas schwieriger wird es schon mit frischen Zutaten wie grünem Korianderkraut* und Zitronengras. Und den sehr scharfen, frischen japanischen grünen Meerrettich gibt es bei uns ohnehin nur als Pulver (Wasabi). So ist es manchmal unumgänglich, sich bei der Auswahl der Rezepte vom aktuellen Angebot inspirieren zu lassen. Begleiten Sie uns doch ganz einfach beim Lebensmitteleinkauf ab Seite 131.

* kann im Garten oder im Blumentopf aus Samen selbst gezogen werden.

Die Menüs

Die Köche der »Euro-Asiatischen Küche« Becker, Hartmann und Jaeger haben sich entschieden, Ihnen liebe Leser, komplette Menüs zu präsentieren, die nach ihrer Meinung am besten ihren persönlichen Stil von asiatisch inspirierter Küche verdeutlichen.
Natürlich können Sie auch einzelne Gänge zu neuen Menüs zusammenstellen oder als Einzelgerichte oder kleine Mahlzeiten wählen. Falls Sie beispielsweise nur einen Fisch- oder Fleischgang zubereiten, können Sie auch eine größere Gemüseportion und Reis dazu essen und erhalten so eine komplette Mahlzeit.

Alle Rezepte in den Menü-Vorschlägen sind für vier Personen berechnet.

Abkürzungen

g	Gramm
kg	Kilogramm
TL	Teelöffel
EL	Eßlöffel
Msp.	Messerspitze
Stck.	Stück
ml	Milliliter
cl	Zentiliter (10 ml)
dl	Deziliter (10 cl)
l	Liter

Gefüllte Wirsingröllchen mit süß-sauer eingelegtem Gemüse, Seite 26 ▷

Business Menü

* * *

Gefüllte Wirsingröllchen mit süß-sauer
eingelegtem Gemüse

* * *

Über Zitronengras gedämpfte
Seezungenstreifen mit gebackenen
Reisloempia

* * *

Karamelisierte Ananasstreifen mit
Palmzucker, Ingwereis

Die einzelnen Rezepte innerhalb der Menüs
können jederzeit auch anderweitig kombiniert werden,
entscheidend ist die Geschmacks-Harmonie.

Gefüllte Wirsingröllchen mit süß-sauer eingelegtem Gemüse

Zutaten

Schaumsauce:
2 Eigelb
50 ml süß-saure Marinade
1 EL Crème fraîche
Salz, Pfeffer

Marinade:
50 ml Geflügelbrühe
50 ml Tomatensaft
100 ml Reisessig
100 ml Mirin
250 ml frischer Ananassaft
1 Msp. Sambal Oelek
5 g Zitronenpfeffer
1 Prise Salz

4 Stck. Wirsingblätter eines mittelgroßen Kopfes (vom Strunk befreit)
50 g geputzte Kaiserschoten
1 Stck. mittelgroße, geschälte Kohlrabi, in Streifen von ca. 0,5 mm Breite geschnitten
1 Stck. geschälte, rote Paprikaschote, in Streifen von ca. 0,5 mm Breite geschnitten
4 Stck. Maiskölbchen
20 g Butter
40 g Chashewkerne

Die Vorspeise läßt sich kalt wie warm verzehren, auch mit anderen Gemüsen hervorragend kombinieren, wie z. B. Karotten, Salatgurken, Keniabohnen, Sellerie, . . .
Man kann diese Vorspeise als lauwarmen Zwischengang, z. B. in das Fischmenü eingliedern.

Zubereitung

Für die Schaumsauce alle Zutaten bis auf die Crème fraîche über Wasserdampf schaumig aufschlagen und auf Eis kaltrühren.
Nun die Crème fraîche vorsichtig unterrühren, und mit Salz und Pfeffer würzen. Die Schaumsauce bis zum weiteren Gebrauch kaltstellen.
Tip: In einem Schlagkessel gelingt sie am Besten.

Für die Marinade alle Zutaten in einen Topf geben und aufkochen. Die Wirsingblätter und Kaiserschoten in diesem Fond blanchieren und in kaltem Wasser kurz abschrecken. Die Wirsingblätter auf Küchenpapier trocknen.
Nun die Kohlrabi-, Paprikastifte und Maiskölbchen ebenfalls in den Fond geben und garziehen.
Das Gemüse sollte nicht weich, sondern bißfest sein.
Die Wirsingblätter ausbreiten und mit dem Gemüse, zuerst Kohlrabi, dann Paprika, Kaiserschoten und Maiskölbchen, belegen und fest einrollen.
Mit der Verschlußseite nach unten in ein flaches, feuerfestes Geschirr geben, mit etwas süßsaurem Fond angießen, im Ofen bei ca. 150 ° C unter mehrmaligem Übergießen mit dem Fond erwärmen.
In der Zwischenzeit die Cashewkerne in Butter braun rösten.
Die Röllchen aus dem Fond nehmen, diagonal halbieren, und auf einem Teller mit der Schaumsauce und den Cashewkernen anrichten.

◁ Über Zitronengras gedämpfte Seezungenstreifen (Seite 27) mit pfannengerührtem Gemüse

Über Zitronengras gedämpfte Seezungenstreifen mit gebackenen Reisloempia

Dieses Gericht gehört zu meinen Lieblingsgerichten. Das Aroma des Zitronengrases findet sich nach dem Dämpfen in der Seezunge wieder. Außerdem läßt sich dieses Gericht schnell vor- und zubereiten.

Zutaten

Fond:

0,1 l Weißwein, trocken
0,2 l Wasser
4 Stangen Zitronengras
1 Schalotte

Sauce:

0,1 l reduzierter Fischfond
0,15 l Doppelrahm (Crème double)
Salz

Gemüse:

150 g geschrappte und in Streifen geschnittene Karotten
150 g geschälte, entkernte und in Streifen geschnittene Salatgurke

Reisloempia:

100 g Klebereis
2 Blätter Frühlingsrollenteig, Größe 20 x 20 cm
Fett zum Ausbacken

10 Stck. Seezungenfilets à 60—70 g
Salz, Butter

Zubereitung

Zuerst für den Fond (zum Dämpfen) Weißwein, Wasser, die Hälfte des kleingeschnittenen Zitronengrases und die Schalotte in den Wok geben und zum Kochen bringen.
Für die Sauce den reduzierten Fischfond mit kleingeschnittenem Zitronengras und Crème double einköcheln, passieren und mit Salz würzen.
Die Karotten im heißen Wok ober in einer Pfanne anschwenken, dann die Salatgurkenstreifen zugeben und mit wenig Salz würzen.
Für die gebackenen Reisrollen den Reis in Salzwasser kochen, auskühlen lassen und auf dem diagonal geteilten Frühlingsrollenteig verteilen. Die Ränder mit Wasser bestreichen und den Reis einrollen. Von Fett bedeckt in der Friteuse bei 170 ° C in ca. 2 Minuten goldgelb ausbacken, danach auf Küchenkrepp entfetten.
Die Seezungenfilets halbieren, mit Salz würzen, auf ein gebuttertes Steambasket legen und über dem Wok ca. 2—3 Minuten dämpfen. Auf den Gemüsen und halbierten Reisrollen anrichten. Mit Sauce knapp überziehen.

Karamelisierte Ananasstreifen mit Palmzucker, Ingwereis, Seite 30 ▷

Karamelisierte Ananasstreifen mit Palmzucker, Ingwereis

Zutaten

25 g eingelegter Ingwer im Glas
4 Kugeln Vanilleeis
1 Ananas
30 g Zucker
1 Taler Palmzucker (ca. 60 g)
0,2 l Weißwein
4 cl weißer Rum
20 g Schokoladenspäne
Zitronenmelisse

Zubereitung

Zuerst das Ingwereis zubereiten: das Vanilleeis mit dem in kleine Würfel geschnittenen Ingwer in leicht gefrorenem Zustand verrühren und mit dem Sirup (aus dem Glas) bis zum Gebrauch wieder festfrieren.
Für die glacierten Ananasstreifen die Ananas schälen, vierteln und vom Strunk befreien. Dann in gleichgroße Streifen schneiden. Den Zucker mit dem Palmzucker karamelisieren, mit Weißwein ablöschen und reduzieren, bis die Sauce leicht andickt. Nun den weißen Rum und die Ananasstreifen zugeben und kurz glacieren.
Auf Tellern die Ananasstreifen anrichten und mit der Sauce überziehen. In die Mitte das Ingwereis setzen und die Teller mit Schokoladenraspeln garnieren.

Menü

* * *

Gebratene Poulardenstreifen mit
Sojakernen an Salat von Sprossen
und Zuckerschoten

* * *

Steinbutt, gefüllt mit Mango
auf grünem Curry

* * *

In Joghurt mariniertes Lamm
mit gebackenem Zucchini –
Shiitake – Sandwich

* * *

Loempia von Rhabarber
auf Erdbeersalat

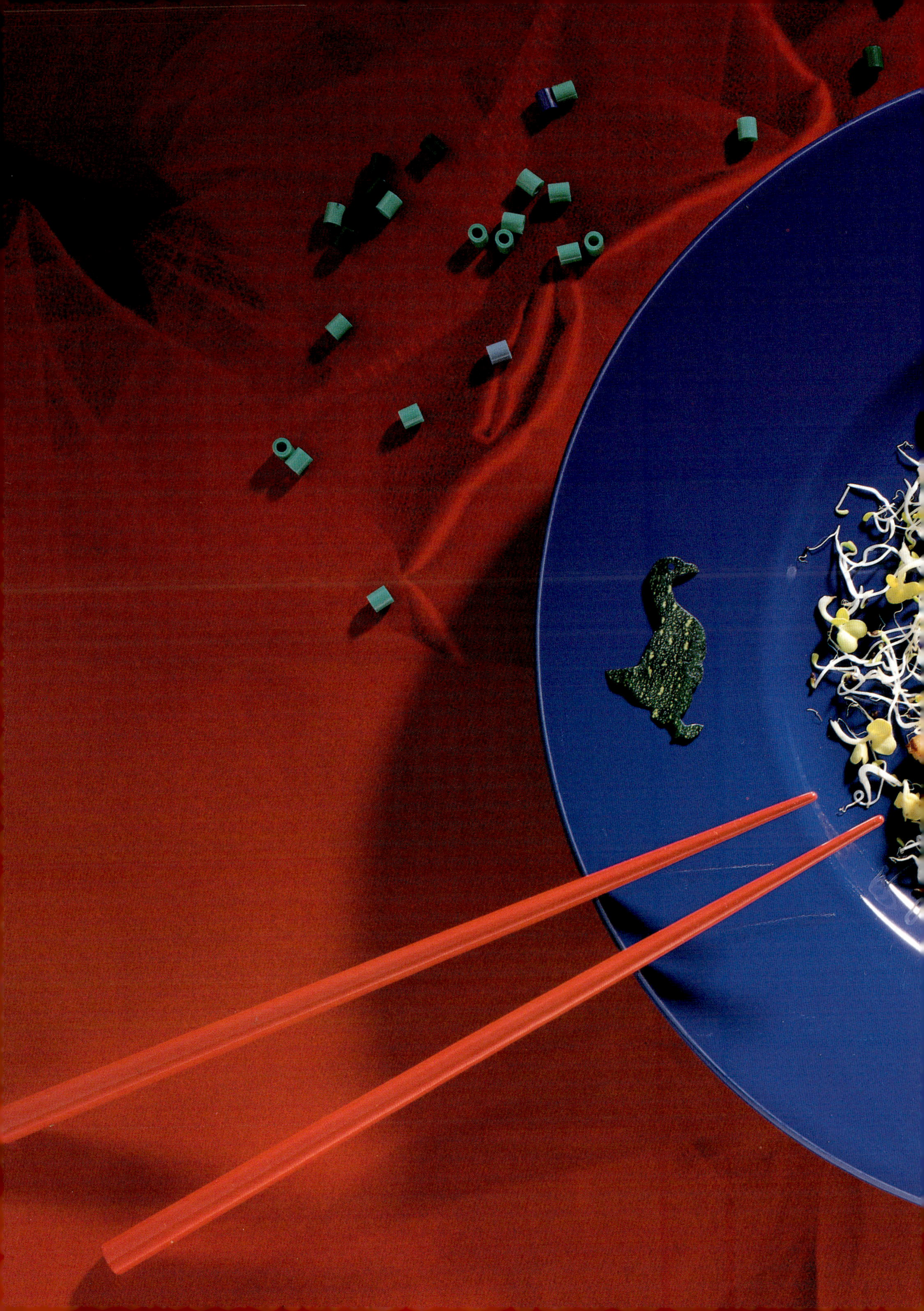

Gebratene Poulardenstreifen mit Sojakernen an Salat von Sprossen und Zuckerschoten

Zutaten

Dressing:

5 EL Reisessig
2 EL Wasser
1 TL Zucker
6 EL Sonnenblumenöl
1 Tropfen Sesamöl
Salz, Pfeffer

Salat:

100 g geputzte und in Salzwasser blanchierte Kaiserschoten
50 g Alfalfasprossen (siehe Seite 139)
50 g Radieschenkeimlinge

2 Stck. Poulardenbrüste
50 g fein geröstete, zerkleinerte Sojakerne
2 EL Sonnenblumenöl

Zubereitung

Für die Dressing die Zutaten miteinander verrühren und mit Salz und Pfeffer abschmecken.
Die Kaiserschoten mit der Dressing marinieren (etwas zurückbehalten) und mit den Alfalfasprossen und den Radieschenkeimlingen anrichten.
Die Poulardenbrüste in ein Zentimeter breite Streifen schneiden, in den Sojakernen wenden und im heißen Wok oder in einer Pfanne mit Sonnenblumenöl unter ständigem Rühren braten, mit Salz und etwas Pfeffer würzen. Die Streifen auf dem Salat anrichten und mit der restlichen Vinaigrette beträufeln.

◁ Gebratene Poulardenstreifen mit Sojakernen an Salat von Sprossen und Zuckerschoten, siehe oben

Steinbutt, gefüllt mit Mango, an grünem Curry

Dieses Gericht gehört auch zu den Speisen, die ich besonders gern zubereite — und auch gerne esse. Die Raffinesse dieses Gerichts liegt in der Harmonie von Mango und grünem Curry. Als einzige Alternative zu Steinbutt empfehle ich Glattbutt.

Zutaten

500 g Steinbuttfilet (Mittelstück eines großen Fisches) — ersatzweise Glattbutt
2 Stck. geschälte, entkernte Mangos, in ca. 3—4 mm dicke Scheiben geschnitten (ich empfehle hierzu die grün-roten, etwas süß-sauer schmeckenden Mangos)
Aluminiumfolie, extra stark
Butter zum Einstreichen der Folie
Salz

Für die Sauce:

Fertiger Fischfond
0,1 l Doppelrahm (Crème double)
1/2 Stange Zitronengras
1 Msp. grüne Currypaste
Salz
evtl. 1 TL pürierter Blattspinat

Gemüse:

500 g grüne Spargelstangen
oder Broccoliröschen

Zubereitung

In das Steinbuttfilet längs eine Tasche von ca. 4 cm Breite schneiden und mit den Mangoscheiben füllen. Die Alufolie buttern, salzen und das Steinbuttfilet fest darin einschlagen.
Für die Sauce den Fischfond mit der Sahne, dem kleingeschnittenen Zitronengras und der Currypaste einköcheln, salzen, passieren und mit dem Passierstab aufmixen. Evtl. zur kräftigeren Farbgebung der Sauce vor dem Aufmixen den pürierten Spinat zugeben.
Von den Spargelstangen, falls erforderlich, das untere Drittel dünn abschälen und die Stangen 8—10 Minuten in Salzwasser bißfest garen. Oder die geputzten Broccoliröschen in 4—6 Minuten garen.
Das Folienpaket im Steambasket über Wasserdampf ca. 4 Minuten dämpfen oder im Wasserbad bei 80 °C pochieren.
Das Filet auspacken, vorsichtig in gleichgroße Scheiben schneiden und mit der Sauce und dem Gemüse anrichten.

Steinbutt, gefüllt mit Mango auf grünem Curry, siehe oben ▷

In Joghurt mariniertes Lamm mit gebackenen Zucchini-Shiitake-Sandwiches

Zutaten
500 g pariertes Lammrückenfilet

Marinade:
400 g Joghurt
1 Stange kleingeschnittenes Zitronengras
1 TL frischer, kleingeschnittener Ingwer
Thymian, Pfeffer aus der Mühle
Öl zum Anbraten

Fond zum Pochieren:
0,5 l Rinderbrühe
5 EL Joghurtmarinade
Salz, Pfeffer

Gemüse:
100 g Shiitake-Pilze
3 Stck. geschälte und in Würfel geschnittene Schalotten
Salz, Pfeffer
100 g geriebenes Weißbrot
1 Ei
2 Stck. mittelgroße Zucchini, gewaschen und in 24 ca. 0,5 cm dünne Scheiben geschnitten
etwas Mehl
Fett zum Ausbacken

Sauce:
0,5 l Pochierfond
20 g kalte Butter, in kleinen Stückchen
in feine Streifen geschnittenes Basilikum

Zubereitung

Das Lammrückenfilet 4 Stunden in der Joghurtmarinade beizen.
Die Filets aus der Marinade nehmen, den Joghurt abstreifen, und in heißem Öl kurz anbraten. Dann im vorbereiteten Fond bei ca. 80 ° C 10 Minuten pochieren.

Währenddessen die Shiitake-Pilze mit den Schalotten braten mit Salz und Pfeffer würzen und mit dem geriebenen Weißbrot vermischen. Das Ei darunterarbeiten und die Masse auf 12 mit Salz und Pfeffer gewürzte Zucchinischeiben verteilen. Dann mit den anderen 12 Scheiben abdecken, die Seiten sauber verstreichen, das Sandwich mit Mehl bestäuben, in heißem Fett goldgelb ausbacken und mit Salz würzen.

Für die Sauce den Fond stark reduzieren und mit der Butter binden. Zum Schluß die Basilikumstreifen hinzugeben und mit Salz und Pfeffer abschmecken.

Die Filets in gleichgroße Scheiben schneiden und mit dem Gemüse und der Sauce anrichten.

Dieses Gericht kann ich besonders für diejenigen empfehlen, die den Eigengeschmack des Lammfleisches nicht besonders schätzen.
Durch den Joghurt wird der Eigengeschmack überdeckt. Dadurch entsteht ein neues Geschmackserlebnis. Die Betonung liegt jetzt auf der Frische des Joghurts und der Kräuter.

Loempia von Rhabarber auf Erdbeersalat

Die Loempia lassen sich auch sehr gut mit anderen Früchten füllen oder z. B. Pfirsich, Aprikose, Birne usw. kombinieren.

Zutaten

250 ml Weißwein
120 g Zucker
1/2 Vanillestange
500 g geschälte und in ca. 2 cm große Stücke geschnittener Rhabarber
150 g geriebener Biskuit (bei Ihrem Konditor zu kaufen)
4 Blätter Frühlingsrollenteig von ca. 20 cm Länge
Staubzucker zum Abpudern
500 g Erdbeeren
2 cl Grand Marnier
Puderzucker zum Süßen
80 g cremig geschlagene Schlagsahne

Zubereitung

Weißwein, Zucker und ausgekratzte Vanillestange zum Kochen bringen, den kleingeschnittenen Rhabarber hinzugeben, kurz aufkochen und auf einem Sieb abtropfen und abkühlen lassen. Nun mit den Biskuitbröseln vermischen und auf dem diagonal halbierten Frühlingsrollenteig verteilen. Die Ränder mit Wasser bestreichen und den Rhabarber einrollen. In heißem Fett bei 180 ° C goldgelb ausbacken, mit Staubzucker abpudern und auf dem Erdbeersalat anrichten.
Für den Erdbeersalat die Erdbeeren waschen, putzen und in Scheiben schneiden. Mit Zucker und Grand Marnier parfümieren und fächerförmig auf der cremig geschlagenen Sahne anrichten.

Loempia von Rhabarber auf Erdbeersalat, siehe oben ▷

Fischmenü

* * *

Sashimi von Lachs
mit geriebenem Rettich

* * *

Won Ton von Jakobsmuscheln
auf Sojasprossen

* * *

Rote Bete – Essenz mit Steinbutt –
Sushi und Radieschenkeimlingen

* * *

St. Petersfisch im Taromantel
mit Frühlingszwiebeln

* * *

Tempura von Erdbeeren auf
Mangomark und Camparieis

Sashimi von Lachs mit geriebenem Rettich

Zutaten

1 mittelgroßer, geschälter Rettich
Saft von einer Zitrone
30 ml Sonnenblumenöl
Salz, Pfeffer

Marinade für den Lachs:

10 g in Wasser angerührtes Wasabipulver
Saft von einer Zitrone
50 ml Sonnenblumenöl

250 g Lachsfilet, von Fett und Gräten befreit
Poupier oder Feldsalat oder Kopfsalatherzen zum Dekorieren

Sojasabayon:

2 Eigelb
40 ml Weißwein
10 ml Sojasauce, dunkel
5 g Zucker

Zubereitung

Den Rettich mit einer Küchenreibe in feine Streifen hobeln und diese ca. 2 Stunden in kaltem Wasser wässern. Die Streifen gut abtropfen lassen, mit Zitronensaft, Sonnenblumenöl, Salz und Pfeffer würzen und auf vier Teller in kleinen Häufchen anrichten.
Für die Lachsmarinade den angerührten Wasabi mit Zitronensaft und Sonnenblumenöl verrühren und mit Salz und Pfeffer würzen. (Die Marinade sollte einen kräftig würzigen Geschmack haben).
Das Lachsfilet in 3—4 mm dicke Streifen schneiden, mit der Marinade bepinseln und auf die Rettichstreifen legen. Für die Sojasabayon alle Zutaten über Wasserdampf aufschlagen und auf Eis kaltrühren.
Zum Schluß den Sojasabayon über Lachsstreifen und Rettich gießen und die Teller mit Poupier oder Feldsalat dekorieren.

Won Ton von Jakobsmuscheln auf Sojasprossen

Zutaten

6 Stck. Jakobsmuscheln
1 Zitrone
Salz, Pfeffer
50 g geschälte und in feine Streifen geschnittene Karotten
3 Stck. Tomaten (ca. 200 g, enthäutet, entkernt und in feine Streifen geschnitten)
12 Stck. Won Ton-Blätter
1 Eigelb

Sojasprossengemüse:

200 g geputzte Sojasprossen
etwas fein gehackter Kerbel
Butter zum Braten

Safransauce:

0,1 l Geflügelfond
0,15 l Crème double
etwas Safranpulver
1 Zitrone
Salz

Zubereitung

Die Jakobsmuscheln halbieren, mit etwas Zitronensaft, Salz und Pfeffer würzen und mit den Karotten- und Tomatenstreifen auf die Won Ton-Blätter verteilen. Die Ränder mit Eigelb bestreichen und zu einem Säckchen luftdicht verschließen. Dann in heißem Fett goldgelb backen.
Die Sojasprossen in heißer Butter mit dem Kerbel im Wok kurz durchschwenken und mit Salz und Pfeffer würzen.
Für die Safransauce den reduzierten Geflügelfond der Crème double und mit dem Safran einköcheln und mit Zitronensaft und Salz abschmecken.
Die Jakobsmuscheln auf den Sojasprossen mit der Safransauce anrichten.

Rote Bete Essenz mit Steinbutt-Sushi und Radieschenkeimlingen

Zutaten

Sushi-Essigsauce:
40 ml Reisessig
2 EL Zucker
1 TL Salz

Steinbuttsushi:
150 g Rundkornreis
280 ml Wasser
10 g in Wasser angerührter Wasabi
150 g Steinbuttfilet, in 2 mm dicke Scheibchen geschnitten

1 l Geflügelbrühe
2 Eiweiß
2 mittelgroße geschälte rote Bete-Knollen
1 Lorbeerblatt
2 Nelken
1 Msp. rote Currypaste
Kreuzkümmel

40 g Radieschenkeimlinge

Zubereitung

Für die Sushi-Essigsauce das Salz und den Zucker in Reisessig auflösen.
Für die Steinbutt-Sushi den Rundkornreis waschen und wässern, bis das Wasser klar bleibt. Dann auf ein Sieb schütten und 30 Minuten quellen lassen. Nun den Reis mit Wasser bedeckt zum Kochen bringen. 3 Minuten kochen und etwa 10 Minuten ausquellen lassen. Jetzt die Sushi-Essigsauce hinzugeben und mit einem Holzlöffel durcharbeiten, abschmecken und den Reis zu kleinen Röllchen formen. Diese mit Wasabi bestreichen und mit den Steinbuttscheiben umhüllen.
Die kalte Geflügelbrühe mit dem angeschlagenen Eiweiß, der im Mixer zerkleinerten roten Bete sowie den Gewürzen gut verrühren und unter ständigem Rühren aufkochen, danach etwa 1/2 Stunde köcheln und durch ein Tuch passieren. Mit Salz abschmecken und in vorgewärmte Suppenteller füllen.
Dann die Radieschenkeimlinge und die Sushis vorsichtig hineingeben.

◁ Rote Bete-Essenz mit Steinbutt-Sushi und Radieschenkeimlingen, siehe oben

St. Petersfisch im Taromantel mit Frühlingszwiebeln

Zutaten

6 mittelgroße Tarowurzeln oder Dasheen-Knollen
Salz, Pfeffer, Zitronensaft
500 g St. Petersfisch-Filets
Öl und Butter zum Braten
200 g Frühlingszwiebeln mit Grün

Sauce:

0,1 l reduzierter Fischfond
0,15 l Crème double
1 Msp. rote Currypaste
Saft von 1/2 Zitrone

Zubereitung

Die Tarowurzel schälen und die Hälfte der Menge auf der feinen Seite einer Kartoffelreibe, die andere Hälfte auf der groben Seite reiben. Diese Masse mit Salz, Pfeffer und Zitronensaft würzen.
Die Fischfilets in 8 gleichgroße Stücke teilen, mit Salz würzen und mit der Taromasse auf einer Seite gleichmäßig bestreichen.
Tip: mit nassen Händen läßt sich die Masse besser verarbeiten.
Die Fischfilets auf der Taroseite in heißem Öl goldgelb braten und auf der Fischseite mit Butter fertigbraten.
Für die Gemüse die Lauchzwiebeln halbieren, mit Salz und Pfeffer würzen und im heißen Wok bzw. in einer Pfanne braten und zum Schluß etwas Butter hinzugeben.
Für die Sauce den reduzierten Fischfond mit Crème double einköcheln und sehr wenig rote Currypaste hinzugeben. Mit Zitronensaft und Salz abschmecken.
Die Fischstücke mit den Frühlingszwiebeln anrichten und mit Sauce beträufeln.

Tempura von Erdbeeren auf Mangomark, Camparieis

Zutaten

60 g Tempura-Mix
50 ml gekühltes Wasser (Eiswasser)
10 g Zucker
20 Stck. gleichgroße Erdbeeren
Fett zum Ausbacken, Puderzucker

Mangomark:

2 Mangos
50 ml Weißwein
30 g Zucker
4 cl Grand Marnier
200 g Camparieis (Fertigprodukt)

Zubereitung

Das Tempuramehl mit gekühltem Wasser und Zucker anrühren, die geputzten Erdbeeren durchziehen und in heißem Fett eine halbe Minute backen. Mit Staubzucker abpudern und kreisförmig anrichten.
Für das Mangomark die Mangos schälen und um den Kern das Fruchtfleisch abschneiden. Mit Weißwein, Zucker und Grand Marnier im Mixer pürieren.
Das Mangomark in die Mitte der Erdbeeren geben und darauf das Camparieis setzen.

Pralinen von Lachs und Tofu an Wasabischaum, Seite 51 ▷

Gourmet-Menü

* * *

Pralinen von Lachs und Tofu
an Wasabischaum

* * *

Mit exotischen Gewürzen sautierte
Kaninchenstreifen im Salatblatt

* * *

Marinierter Hummer im Reisblatt
auf Kokossauce

* * *

Tamarindensorbet

* * *

Teriyaki von der Ente
mit pfannengerührten Gemüsen
und gebratenen Sobanudeln

* * *

Mousse von japanischer Aprikose
auf Litschikompott

Pralinen von Lachs und Tofu an Wasabischaum

Die angenehm leichte Tofumarinade ergänzt hervorragend die exklusive Koriandernote des Lachses. Unterstützt wird dieser Geschmack noch durch die würzige Wasabischaumsauce. Diese Vorspeise kostet Sie etwas mehr Mühe — aber es lohnt sich!

Zutaten

400 g filierter frischer Lachs
30 g Salz
30 g Zucker
1 Bund frisches Korianderkraut

500 g Tofu
200 ml Milch
50 ml Sojasauce
10 ml Mirin

Fischgelee:

150 ml Fischfond
2 Blatt Gelatine

1 Sushi-Holzform zum Pressen mit einer Seitenlänge von 10—12 cm (Innenraum)

kleine Salate zum Dekorieren

Wasabischaum:

2 Eigelb
30 ml Weißwein
Saft von 1/2 Zitrone
10 g in etwas Wasser angerühres Wasabi
1 EL Crème fraîche
Salz, Pfeffer

Zubereitung

Den Lachs mit Salz, Zucker, gehacktem Koriander und Pfeffer 12 Stunden beizen.
Danach abwaschen, abtrocknen und in 3—4 mm dünne, große Scheiben schneiden.
Den Tofu ebenfalls in ca. 3 mm dünne Scheiben schneiden und mit Milch, Sojasauce und Mirin 12 Stunden marinieren, danach herausnehmen und abtrocknen.
Den Fischfond erhitzen und die eingeweichte Gelatine unterrühren, etwas abkühlen lassen.
Die Sushiform mit Klarsichtfolie auskleiden und mit einer Schicht Lachs belegen, mit Fischgelee einpinseln und eine Schicht Tofuscheiben darauflegen. Den Vorgang noch zweimal wiederholen. Zum Schluß mit einer Schicht Lachs abschließen, mit Klarsichtfolie bedecken und mit dem Holzdeckel verschließen. Die Lachs-Tofu-Pralinen 4 Stunden fest zusammenpressen.
Die Form öffnen und mit einem scharfen Messer gleichgroße Würfel schneiden (Pralinenstücke).
Für die Wasabischaumsauce alle Zutaten bis auf die Crème fraîche über Wasserdampf schaumig aufschlagen und auf Eis kaltrühren.
Tip: in einem Schlagkessel gelingt die Sauce am Besten.
Nun die Crème fraîche vorsichtig unterrühren und mit Salz und Pfeffer würzen.
Die fertigen Pralinen auf dem Wasabischaum anrichten, mit den Salaten dekorieren.
Tip: Gut gekühlt schneiden sich die Pralinen leichter. Evtl. ein elektrisches Messer benutzen. Falls Sie keinen frischen Lachs bekommen, können Sie fangfrische Lachsforellen von kräftiger Farbe verwenden.

Mit exotischen Gewürzen sautierte Kaninchenstreifen im Salatblatt

Zutaten

3 Kaninchenrückenfilets
1 Msp. 5 Spices (Fünf-Chinesische-Gewürze-Pulver)
Salz, Pfeffer
Erdnußöl zum Braten
1 Kopf Römischer Salat (Romana, Bindesalat)

Sauce:

200 ml Geflügelfond
50 ml trockener Weißwein
30 g kalte Butter
Salz, Pfeffer

Zum Garnieren:

Kapuzinerblüten oder Schnittlauchblüten
50 g geschälte und in feine Streifen geschnittene Rote Bete

Tip: Das Gewürz »5 Spices« allein ist nicht streufähig (klebt). Deshalb vorher mit Salz und Pfeffer mischen (siehe auch Seite 132).

Zubereitung

Die Kaninchenrückenfilets mit Salz, Pfeffer und 5 Spices würzen, in heißem Öl anbraten und zur Seite stellen.
Romana-Salat waschen, 3 Sekunden in kochendes Wasser halten, in kaltem Wasser abschrecken und den Strunk herausschneiden.
Die Kaninchenfilets in die abgetrockneten Salatblätter einschlagen und kurz in den auf 180 °C vorgeheizten Backofen schieben. In gleichgroße Tranchen (Scheiben) schneiden und fächerförmig auf der Sauce anrichten.
Für die Sauce Geflügelfond mit trockenem Weißwein stark reduzieren und mit kalten Butterflocken aufmontieren. Mit Salz und Pfeffer würzen.
Mit Kapuziner- oder Schnittlauchblüten und rote Bete-Streifen garnieren.

◁ Kaninchenstreifen, mit exotischen Gewürzen sautiert, im Salatblatt, siehe oben

Marinierter Hummer im Reisblatt auf Kokossauce

Zutaten

2 Hummer à 500 Gramm
1 Zweig Estragon
5 cl Portwein
Saft von einer 1/2 Zitrone
200 g gewaschene Champignons
4 Reisblätter mit einem Durchmesser von ca. 20 cm

Sauce:

Hummerkarkassen
2 geschälte Schalotten
50 g geschälte Karotten
50 g geschälter Sellerie
etwas Butter
50 ml trockener Weißwein
250 ml Sahne
20 g Kokosraspel

Gemüse:

100 g geputzte und in Rauten geschnittene Kaiserschoten
10 g Butter
50 ml Geflügelfond
1 Prise Zucker, Salz

Zubereitung

Die Hummer in kochendem Wasser töten und in kaltem Wasser abschrecken. Schwanz und Scherenfleisch ausbrechen und mit fein geschnittenem Estragon, Portwein und Zitronensaft 1 Stunde marinieren.
Die Champignons in feine Scheiben schneiden und zugeben. Nun die Reisblätter zwischen feuchte Tücher legen, um sie geschmeidig zu machen. Die Hummerschwänze und Champignons auf die Reisblätter verteilen, mit der Marinade beträufeln und in die Blätter verschließen. Anschließend mit den Scheren in ein gebuttertes Steambasket legen (mit der Verschlußseite der Reisblätter nach unten) und ca. 8 Minuten im Wok über Dampf garen.
Für die Sauce die Hummerkarkassen auswaschen, kleinstoßen und mit kleingeschnittenen Schalotten, Karotten und Sellerie in Butter bei milder Hitze rösten. Mit trockenem Weißwein ablöschen, reduzieren und mit der Sahne auffüllen. Die Kokosraspel hinzugeben und ca. 7 Minuten köcheln, passieren und mit Salz und Pfeffer abschmecken.
Für die Zuckerschoten die Butter schmelzen, die Rauten mit dem Geflügelfond zugeben, mit Zucker und Salz würzen und kurze Zeit glacieren.
Die Hummer-Reisblatt-Rollen mit der Sauce und den Zuckerschoten anrichten.

Teriyaki von der Ente mit pfannengerührten Gemüsen und gebratenen Sobanudeln, Seite 58 ▷

Tamarindensorbet

Zutaten

80 g Tamarindenschoten
150 ml kochendes Wasser
70 g Zucker
1 vollreife Mango, ca. 300 Gramm schwer (evtl. gelb-rosa)
170 ml Mineralwasser
50 g Blaubeeren (Heidelbeeren)

Zubereitung

Das Fruchtfleisch aus der Schale lösen, mit dem im kochenden Wasser aufgelösten Zucker übergießen und ca. 4 Stunden ziehen lassen. Anschließend die Masse in ein Sieb geben und durchstreichen, sodaß Samen und Pflanzenfasern im Sieb zurückbleiben. Die Mango schälen, Stein herausnehmen und das Fruchtfleisch pürieren. Das Püree mit dem Tamarindensirup mischen, Mineralwasser beifügen und das Ganze cremig frieren.
Mit einem Löffel abstechen und in einem Suppenteller oder Cocktailglas anrichten. Mit Blaubeeren garnieren.

Teriyaki von der Ente mit gebratenen Sobanudeln

Für dieses Gericht kann durchaus auch anderes Geflügel verwendet werden, z. B. Poularde, Perlhuhn oder Truthahn.

Zutaten

Marinade:

20 ml Mirin
20 ml Sake
100 ml dunkle Sojasauce
1 kleine Ingwerknolle, in Scheiben geschnitten
1 kleine Knoblauchzehe, in Scheiben geschnitten
4—5 Tropfen Sesamöl
80 ml Geflügelfond

2 Barberie-Entenbrüste
Erdnußöl zum Braten

Sauce:

200 ml reduzierter Geflügelfond
50 ml Marinade
30 g kalte Butter
20 g gemahlene Erdnüsse

200 g Sobanudeln, 1 Paket (Buchweizennudeln)

Gemüse:

100 g in Scheiben geschnittene Maiskölbchen
100 g geputzte und in Rauten geschnittene Kaiserschoten
80 g geputzte und in Scheiben geschnittene Shiitake-Pilze
100 g geputzte und in Streifen geschnittene Karotten

Zubereitung

Von Mirin, Sake, dunkler Sojasauce, Ingwer, Knoblauch, Sesamöl und Geflügelfond eine Marinade herstellen und die Entenbrüste drei Stunden darin beizen.
Die Brüste abtrocknen (das Fett sauber abtrennen) und in feine Streifen schneiden. Anschließend mit Pfeffer würzen. In heißem Erdnußöl Fleisch und Fett anbraten und im Backofen bei 180 ° C ca. 5—6 Minuten weiter garen.
Für die Sauce den reduzierten Geflügelfond mit der Teriyakimarinade aufkochen und mit den gemahlenen Erdnüssen und Butterflöckchen binden.
Die Sobanudeln ca. 5 Minuten in kochendem Salzwasser garen, kalt abschrecken, in heißem Öl kurz anbraten und mit Salz nachwürzen.
Die Maiskölbchen, Kaiserschoten, Shiitake-Pilze und Karotten im heißem Wok durchschwenken, mit etwas Wasser oder Brühe ablöschen und mit Salz abschmecken.
Die Entenbrüstchen einige Minuten ruhen lassen, in Scheiben schneiden und mit den Nudeln und Gemüse anrichten. Mit der Sauce und den ausgelassenen Fettstreifen servieren.

Mousse von japanischer Aprikose auf Litschikompott

Zutaten

Mousse:
4 Stck. reife Sharonfrüchte (Kaki)
4 cl Aprikosenlikör
2 Blatt Gelatine
0,2 l geschlagene Sahne

Litschi (Lychee)-Kompott:
30 g Litschis
50 ml Weißwein
20 g Zucker
etwas Stärkepulver oder Johannisbrotkernmehl (erst zugeben, wenn das Kompott kalt ist)

Zubereitung

Die Sharonfrüchte schälen, kleinschneiden, pürieren, durch ein grobes Sieb streichen und mit Aprikosenlikör abschmecken.
Die Gelatine in kaltem Wasser gut einweichen, ausdrücken und in etwas Mousse auflösen. Mit der restlichen Mousse verrühren und die geschlagene Sahne vorsichtig unterheben. In kleine Gefäße (z. B. Kaffeetassen) füllen und ca. 4 Stunden kaltstellen. Während die Mousses gekühlt werden, das Kompott zubereiten.
Die Litschis pellen, entkernen und kleinschneiden. Den Saft auffangen und mit Wein und Zucker aufkochen. Mit angerührter Stärke leicht binden, das Fruchtfleisch hinzugeben und das Kompott kaltstellen.
Die Mousses stürzen und auf dem Litschi-Kompott anrichten.

Riesengarnelen, in der Schale geröstet, auf warmem Gurkensalat, Seite 63 ▷

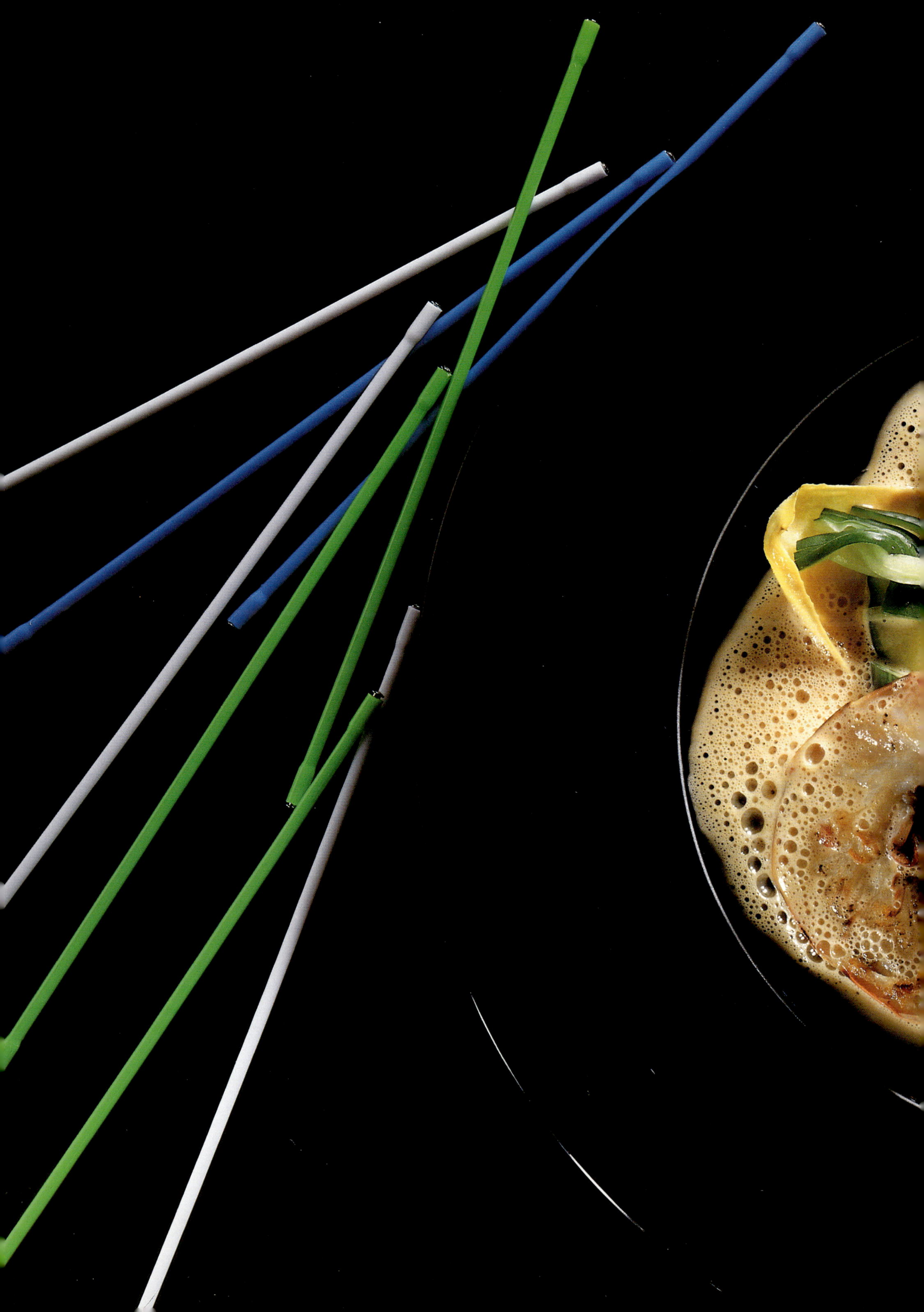

Ein asiatisch inspiriertes Sommermenü

* * *

Riesengarnelen, in der Schale geröstet
auf warmem Gurkensalat, süß-sauer

* * *

Spieß von der Poulardenbrust mit
Sateysauce auf pfannengerührten
Kaiserschoten und Karotten,
Buchweizennudeln

* * *

Warmer Pflaumenweinsud mit
geeisten Kokospralinen

Die einzelnen Gerichte eignen sich auf
Grund ihrer Zusammenstellung besonders gut
für heiße Sommertage.
Alle Gerichte lassen sich gut vorbereiten.

Riesengarnelen in der Schale geröstet, auf warmem Gurkensalat, süß-sauer

Zutaten

Für die Dressing:
1 kleine zerdrückte Knoblauchzehe
1 TL geriebener Ingwer
1 TL Sojasauce
1/16 l brauner chinesischer Essig
1/8 l Hühnerbrühe
1/8 l Erdnußöl oder Sonnenblumenöl
1 Eigelb
2 TL Zucker
1 TL gemahlener Koriander
Salz, Pfeffer

Gurkensalat:
1 kleine Salatgurke
Erdnußöl
Salz, Pfeffer

6 Riesengarnelen
1 großer Kolben Chicorée

Zubereitung

Für die Dressing alle Zutaten zusammen mit dem Schnellmixstab oder im Mixer verquirlen.
Die Salatgurke gut waschen, der Länge nach halbieren und das Kerngehäuse entfernen. Nun die halbierten Gurken quer in feine Scheiben schneiden, die in heißem Öl in der Pfanne kurz angeschwenkt werden. Die aus der Pfanne genommenen Gurken mit der fertigen Dressing anmachen und abschmecken.
Die Garnelen mit der Schale halbieren und den Darm entfernen. Mit Salz und Pfeffer würzen und in einer Grillpfanne von beiden Seiten ca. 1 Minute rösten.
Den Gurkensalat zusammen mit je drei Chicoréeblättern anrichten. In die Zwischenräume je eine halbierte und geröstete Riesengarnele legen.

Spieß von der Poulardenbrust mit Sateysauce, auf pfannengerührten Kaiserschoten und Karotten, Buchweizennudeln, Seite 66 ▷

Spieß von der Poulardenbrust mit Sateysauce auf pfannengerührten Kaiserschoten und Karotten, Japanische Buchweizennudeln

Zutaten

4 kleine Poulardenbrüste
Salz, Pfeffer
Sonnenblumen- oder Erdnußöl zum Braten

Marinade:

3 EL Sateypaste
1/8—1/4 l Hühnerbrühe
1/4 l stark eingekochter Geflügelfond
20 g kalte Butterwürfelchen

1 Paket japanische Buchweizennudeln (200 g)

Gemüse:

200 g geschälte und in Streifen geschnittene Karotten
200 g geputzte und längs in Streifen geschnittene Kaiserschoten
1/8 l Hühnerbrühe
Salz, Pfeffer
1 TL grobkörniger Senf

Zubereitung

Die Poulardenbrüste längs in 1 cm breite Streifen schneiden und auf vier Holz- oder Bambusspieße aufstecken. Die Sateypaste mit der Brühe verrühren und die Spieße darin ca. 1 Stunde marinieren.
Die Spieße gut trockentupfen, salzen, pfeffern und in der heißen Pfanne mit wenig Öl von beiden Seiten anbraten und dann fertiggaren.
Beide Gemüsesorten gleichzeitig im heißen Wok oder in der Pfanne unter stetem Rühren anschwenken, mit der Brühe ablöschen und mit Salz, Pfeffer und dem grobkörnigen Senf abschmecken.
Die Buchweizennudeln werden genau wie europäische Nudeln in reichlich Salzwasser noch mit leichtem Biss gegart und danach kurz kalt abgeschmeckt.

Für die Sateysauce den reduzierten Geflügelfond mit der Sateymarinade gut durchkochen und dann mit der kalten Butter binden. Evtl. noch mit Salz und Pfeffer abschmecken.
Die Spieße nach Wunsch mit einer Manschette versehen und auf den pfannengerührten Gemüsen mit den Buchweizennudeln anrichten. Zum Schluß das Fleisch mit der Sateysauce überziehen.

Warmer Pflaumenweinsud mit geeisten Kokospralinen

Zutaten

Kokospralinen:

250 g Kokosmark (Fertigprodukt)
150 g Zucker
100 g Sahne
50 ml weißer Curaçao

Pflaumenweinsud:

150 g Zucker
1/8 l Wasser
0,75 l Pflaumenwein
Saft einer Zitrone
1 Stück Sternanis
40 g angerührtes Arrow-root

Zum Garnieren:

Kokosraspel
Melisse-Blättchen

Zubereitung

Zuerst die Pralinen zubereiten: dafür das Kokosmark, Zucker und Sahne zusammen einmal aufkochen und abkühlen lassen. Mit dem Curaçao abschmecken, in Eiswürfelschalen füllen und ca. 4 Stunden gefrieren lassen.

Für den Pflaumenweinsud Zucker und Wasser so lange in einem schweren Topf erhitzen, bis sich ein brauner Karamel gebildet hat. Dieser Vorgang sollte ohne Rühren geschehen, da der Zucker sonst leicht auskristallisieren würde.
Den Karamel mit Pflaumenwein und Zitronensaft ablöschen und dann den Sternanis zugeben. Auf diese Weise den Karamel vollständig auflösen und zum Schluß mit der angerührten Speisestärke bis zur gewünschten Konsistenz abziehen. Den Pflaumenweinsud zum Schluß durch ein Sieb gießen.
Die Kokospralinen aus den Förmchen drücken und die Pralinen im warmem Pflaumenweinsud anrichten. Mit Kokosraspeln und Melisse nach Belieben garnieren.

Warmer Pflaumenweinsud mit geeisten Kokospralinen, siehe oben ▷

Das zeitgemäße Menü

* * *

Rinderfiletscheiben mit
Sanshopfeffer gewürzt, auf
Sojasprossensalat mit Minze

* * *

Forelle und Lachsforelle
pochiert in Sake,
mit Kräutern und Spinat

* * *

Lamm-Medaillons mit Kokos
gebraten auf Gemüsesauce
mit Fünf Gewürzen

* * *

Warmer Auflauf aus Passions-
früchten auf Passionsfruchtsauce

Rinderfiletscheiben mit Sanshopfeffer gewürzt auf Sojasprossensalat mit Minze

Zutaten

300 g von Sehnen und Häutchen befreites Rinderfilet
Salz, Sanshopfeffer

Salat:

300 g Sojasprossen
Sonnenblumen- oder Erdnußöl
3—4 EL Oystersauce
3 EL Hühnerbrühe
2 EL Minzeblätter, in feine Streifen geschnitten

Dip:

1/4 l Ponzuessig
Abrieb einer gewaschenen Kaffirzitrone
4 EL feingeschnittene Frühlingszwiebeln
frisch gemahlener Piment

Anmerkung:
Sanshopfeffer nie mitbraten, da er sonst bitter werden würde! Gegessen wird das Filet, indem jede Scheibe mit Hilfe von Stäbchen oder einer Gabel kurz in den Dip getaucht wird.

Zubereitung

Das Rinderfilet salzen und in einer sehr heißen Pfanne in wenig Öl ringsum scharf anbraten. Dadurch schließen sich die Poren des Fleisches und es bilden sich Röst- und Geschmacksstoffe. Das Filet aus der Pfanne nehmen und mit Sanshopfeffer würzen. Das Fleisch ca. eine halbe Stunde bei Zimmertemperatur stehen lassen.
Die Sojasprossen im heißen Wok oder in der Pfanne mit wenig Öl unter stetem Rühren kurz anschwenken (sie sollen noch knackig bleiben), mit der Oystersauce sowie der Brühe ablöschen und mit den Minzestreifen mischen.
Die Sprossen sofort aus der Pfanne nehmen und auf Tellern anrichten. Das Rinderfilet mit einem scharfen Messer oder mit der Aufschnittmaschine in dünne Scheiben schneiden und auf den Sojasprossen anrichten. Den Ponzuessigdip (dazu alle Zutaten miteinander verrühren) separat in einem kleinen Schälchen für jede Person dazu servieren.

Rinderfiletscheiben mit Sanshopfeffer gewürzt, auf Sojasprossensalat mit Minze, siehe oben ▷

Forelle und Lachsforelle pochiert in Sake mit Kräutern und Spinat

Zutaten

200 g geputzter, blanchierter und in Eiswasser abgeschreckter Spinat
4 Tranchen vom Forellenfilet à ca. 60—70 g
4 Tranchen vom Lachsforellenfilet à ca. 60—70 g
wenig Salz
Sojasauce
frische Kräuter wie z. B. Dill, Kerbel, Estragon, Koriander, Basilikum
1/4—3/8 l Sake

Zubereitung

Den Spinat gut ausdrücken und in vier Portionen aufteilen. Diese in die Mitte eines feuerfesten Porzellanschälchens legen, das wiederum gut in ein Bambuskörbchen (mit Deckel zum Dämpfen) paßt.
Je eine Forelle- und eine Lachsforellentranche mit Salz und Sojasauce würzen und nebeneinander auf den Spinat legen. Von den gewaschenen Kräutern nur die Blätter abzupfen und nach Belieben in Menge und Vielfalt um und auf den Fisch legen.
Das Ganze nun mit dem Sake zu gleichen Teilen angießen und im verschlossenen Bambuskörbchen über einem Wasserbad garen (ca. 5 Minuten). Der Fisch sollte dabei im Kern noch leicht rosig sein.
Sie servieren im Dämpfer (Steambasket) und öffnen auch die Deckel erst am Tisch. Der dabei entweichende Duft wird Ihren Gästen schon das Wasser im Munde zusammenlaufen lassen.

Anmerkung
Sollte kein Bambuskörbchen zur Hand sein, läßt sich dieses Gericht auch problemlos in Alufolie zubereiten.

Lamm-Medaillons mit Kokos gebraten auf Gemüsesauce

Zutaten

8 Lamm-Medaillons à 70—80 g
Salz, Pfeffer
2 Eiweiß, 200 g Kokosraspel
Sonnenblumenöl zum Braten

Gemüsesauce:

300—400 ml Gemüsebrühe
100 g in Würfel geschnittene Karotten (ca. 1 cm Kantenlänge)
100 g in Würfel geschnittener Sellerie (ca. 1 cm Kantenlänge)
100 g in Würfel geschnittener Staudensellerie (ca. 1 cm Kantenlänge)
100 g in Würfel geschnittene Kartoffeln (ca. 1 cm Kantenlänge)
Fünf-Chinesische Gewürze-Pulver
Arrow-root zum Binden
1 Msp. geriebener Ingwer

Zubereitung

Die Lamm-Medaillons (von Ihrem Metzger vorbereitet) salzen und pfeffern. Die Eiweiß mit einem Schneebesen leicht anschlagen und die Lammstücke kurz darin eintauchen. Sofort mit den Kokosraspeln panieren, in heißem Öl langsam von allen Seiten anbraten und im 200° C heißen Backofen in 2—3 Minuten fertiggaren. Fleisch an einem warmen Ort 3—4 Minuten ruhen lassen, damit sich der Fleischsaft bis in die Randschichten des Fleisches verteilen kann.
Für die Gemüsesauce die Gemüsebrühe zum Kochen bringen und die Gemüsewürfel darin, noch mit leichtem Biß, garen. Mit den Fünf-Chinesischen Gewürzen abschmecken und mit Arrow-root, mit wenig kaltem Wasser angerührt, binden, bis eine sämige Sauce entstanden ist. Zuletzt die Gemüsesauce mit einer Prise Ingwer abrunden. Die Medaillons auf der fertigen Gemüsesauce anrichten.

Warmer Auflauf aus Passionsfrüchten auf Passionsfruchtsauce

Zutaten

Auflauf:

35 g Butter
35 g Puderzucker
3 Eigelbe
70 g im Wasserbad aufgelöste weiße Schokolade oder Kuvertüre
20 g feingehackte Walnüsse
6 EL frischer Saft von Passionsfrüchten oder Maracujas, auf 2 EL eingekocht
2 EL Passionsfruchtkerne
2 EL Mehl
4 Eiweiß
35 g Puderzucker

Passionsfruchtsauce:

400 g Passionsfruchtsaft
200 g Zucker
Kartoffelstärke oder Pfeilwurzelmehl zum Binden

Garnitur:

100—150 g passiertes Erdbeermark
100—150 g leicht geschlagene Sahne
1 Bund Zitronenmelisse

Zubereitung

Für den Auflauf die Butter und den Zucker schaumig rühren. Nun der Reihenfolge nach die Eigelbe, die aufgelöste Schokolade, die Walnüsse, den Passionsfruchtsaft, die Passionsfruchtkerne sowie das gesiebte Mehl unterrühren.
Die Eiklar mit dem gesiebten Puderzucker zu steifem Eischnee schlagen und unter die Grundmasse heben. Dieses geschieht am besten mit einem Schneebesen oder mit einem Gummispatel.
Die fertige Auflaufmasse in gebutterte und gezuckerte Förmchen Ihrer Wahl füllen und im auf ca. 70 ° C erhitzten Wasserbad ca. 20—25 Minuten im Backofen bei 200 ° C garen.
Der Inhalt der Förmchen sollte etwa 150 Milliliter betragen; sie sollten nur zu 2/3 gefüllt werden.
Für die Passionsfruchtsauce den Saft mit dem Zucker erhitzen und mit der mit Wasser angerührten Speisestärke nach Belieben bis zur gewünschten Konsistenz binden.
Vier Teller mit Passionsfruchtsauce ausgießen, den fertigen Auflauf daraufstürzen und mit dem Erdbeermark, der Sahne und der Melisse nach Belieben garnieren.

Forelle und Lachsforelle pochiert in Sake, mit Kräutern und Spinat, Seite 74 ▷

Das vegetarische Menü

* * *

Cocktail aus Melone,
Wakamealgen und Glasnudeln
mit Ingwer-Koriander-Dressing

* * *

Currycremesuppe mit Bananen
im Reisblatt gebacken

* * *

Pochierte Shiitakepilz-Ravioli
auf pfannengerührtem Paprika
in Zimtsauce

* * *

Crêpes, gefüllt mit Kiwi und
Ananas, auf Sesamkrokantsauce

Die einzelnen Gerichte dieses Menüs lassen
sich gut in ein nicht-vegetarisches Menü integrieren.
Das Menü eignet sich besonders für heiße Sommertage.

Cocktail aus Melone, Wakamealgen und Glasnudeln mit Ingwer-Koriander-Dressing

Zutaten

1 TL getrocknete Wakamealgen
Einweichwasser
2 kleine Honigmelonen oder besser
2 französische Cavaillon-Melonen
150 g Glasnudeln

Ingwer-Dressing:

1/8 l Gemüsebrühe
2 Eigelbe
Salz, Pfeffer, Zucker
1/8 l schwarzer Chinesischer Essig oder ersatzweise Balsamessig
1—2 TL feingeriebener Ingwer (je nach Geschmack)
1/8 l Sonnenblumen- oder Erdnußöl
1 TL gehacktes Koriandergrün

Zubereitung

Die Wakamealgen in ca. 1—1,5 Liter kaltem Wasser einweichen. Diese Wassermenge ist nötig, da sich die Algen in Feuchtigkeit um das 17-fache vergrößern.
Anschließend aus dem Wasser nehmen, leicht ausdrücken und in eine Schüssel geben.
Die Melonen halbieren oder mit einem speziellen Ausstecher einen Zackenrand um die Mitte schneiden. Die Kerne entfernen und das Fruchtfleisch vorsichtig mit einem Kugelausstecher oder einem Löffel aus der Schale trennen. In letzterem Fall das Fruchtfleisch noch in gleichmäßige Würfel schneiden. Die Schalen aufbewahren, denn sie dienen Ihnen als »Serviergefäß«.
Das Fruchtfleisch zusammen mit den in reichlich Salzwasser gegarten (1—2 Minuten) und kalt abgeschreckten Glasnudeln zu den Wakamealgen geben.
Für das Ingwer-Dressing die Brühe, die Eigelbe, Salz, Pfeffer, Zucker, den Essig sowie den feingeriebenen Ingwer und das Öl mit einem Passierstab oder im Mixer schaumig aufschlagen.
Alles vorsichtig mit dem Dressing anmachen und zum Schluß den frischgehackten Koriander dazugeben. Den Cocktail locker in die vier halben Melonenschalen verteilen und sofort servieren.

Cocktail aus Wakamealgen, Melone und Glasnudeln mit Ingwer-Koriander-Dressing, siehe oben ▷

Currycremesuppe mit Bananen im Reisblatt gebacken

Zutaten

2 große reife Bananen
1 kleine in Würfel geschnittene Zwiebel
50—80 g Margarine
ca. 3—6 EL Madrascurry je nach Geschmack
1/4 l Brühe, auf Gemüsebasis hergestellt
1/4 l Sahne
1/8 l Milch
Salz, 1 EL Zucker

Einlage:

4 getrocknete Reispapierblätter
4 gehäufte EL in Würfel geschnittene Bananen
1—2 verquirlte Eigelbe
Kokosfett oder Erdnußöl
Kräuter zur Garnitur

Zubereitung

Für die Suppe die Bananen schälen und in Scheiben schneiden. Zusammen mit den Zwiebelwürfeln in der zerlassenen Margarine leicht anschwitzen und mit dem Curry bestäuben. Mit Brühe, Sahne und Milch auffüllen, den Zucker dazugeben und alles ca. 20—25 Minuten köcheln.
Die Currysuppe im Mixer oder mit dem Schnellmixstab fein pürieren und dann durch ein feines Sieb passieren. Nach Belieben mit Salz und Zucker abschmecken. Für die Einlage werden die Reispapierblätter zunächst zwischen zwei feuchten Tüchern eingeweicht, damit man sie später aufrollen kann.
Die Bananen werden in die Mitte der vier Blätter verteilt. Die Ränder mit dem verquirlten Eigelb leicht einstreichen, zur Mitte hin einschlagen und wie eine Roulade aufrollen.
Die vorbereiteten Rollen ca. 1/2 Stunde im Raum trocknen lassen und kurz vor dem Servieren in heißem Fett knusprig backen. Je nach Wunsch können Sie die Currysuppe vor dem Servieren nochmals schaumig schlagen (im Mixer oder mit dem Schnellmixstab) und mit den separat oder in der Suppe angerichteten Rollen servieren. Mit Kräutern garnieren.

Pochierte Shiitakepilz-Ravioli auf pfannengerührtem Paprika in Zimtsauce

Zutaten

10 getrocknete Shiitakepilze
6 mittelgroße mehlig kochende Kartoffeln (z. B. Hansa)
Salz, Pfeffer, Muskat
2 Eigelbe
20 Won-Ton Blätter, fertig gekauft
1 Eigelb

Paprikagemüse:

je 2 rote, grüne und gelbe Paprika
1/8 l Oystersauce
1/8 l Shiitakepilzbrühe
Zimt
wenig Erdnußöl
Kräuter, z. B. Kerbel, zum Garnieren

Zubereitung

Die getrockneten Shiitakepilze in warmem Wasser einweichen und in ca. einem halben Liter Wasser oder Gemüsebrühe so lange köcheln lassen, bis sie gar sind (ca. 1/2 Stunde). Danach den Stiel der Pilze dicht unter der Kappe mit einem scharfen Messer abschneiden und wegwerfen, da er nicht genießbar ist. Die Pilzkappen in feine Würfel schneiden.
Die Kartoffeln schälen, garen und danach feinpassieren (durch eine Kartoffelpresse drücken). Die so vorbereiteten Kartoffeln mit Salz, Pfeffer und Muskat abschmecken, die 2 Eigelbe zur Bindung einrühren und zum Schluß mit den Shiitakepilzwürfeln vermischen.
Die Won-Ton Blätter an allen Seiten ca. einen halben Zentimeter breit mit verquirltem Eigelb einstreichen. Von der Pilzfüllung einen guten Teelöffel auf die Mitte eines jeden Blattes geben und so zusammenlegen, daß Dreiecke entstehen. Die Ränder der Dreiecke gut festdrücken. Die so fertiggestellten Ravioli müssen jetzt nur noch ca. 2 Minuten vor dem Servieren in kochendem Salzwasser garziehen.
Für das Gemüse die Paprika zuerst mit Hilfe eines Sparschälers schälen. Dann vierteln, entkernen und waschen und in feine Streifen schneiden. Diese Streifen in wenig Öl im Wok oder in der heißen Pfanne unter stetem Rühren knackig garen. Mit Oystersauce und Pilzbrühe ablöschen, mit Zimt abschmecken.
Die Pilzravioli auf dem Paprikagemüse und der Sauce anrichten und mit Kräutern garnieren und sofort servieren.

Currycremesuppe mit Bananen, im Reisblatt gebacken, Seite 82 ▷

Crêpes, gefüllt mit Kiwi und Ananas auf Sesam-Krokant-Sauce

Zutaten

Crêpes:

100 g gesiebtes Mehl
1/4 l Milch
1 Prise Salz
1—2 EL Zucker
2—3 Eier
1 Eigelb
30 g braune Butter

4 Kiwi, geschält und in Scheiben geschnitten
1 große Ananas, geschält, geviertelt und in Scheiben geschnitten

Sesam-Krokant-Sauce:

3/8 l Wasser oder besser noch Ananassaft
200 g Zucker
Saft 1 Zitrone
1 ausgekratzte Vanilleschote
80 g Sesam-Krokant-Täfelchen (im Reformhaus erhältlich), in kleine Stücke gehackt

Zubereitung

Für den Crêpesteig das Mehl in eine Schüssel sieben und mit einem Schneebesen die Milch sowie Salz und Zucker unterrühen. Nun die Eier, das Eigelb sowie die Butter unterarbeiten. Diesen Teig ca. 1 Stunde ruhen lassen, damit das Mehl ausquellen kann.
In der Ruhezeit die Früchte und die Sauce vorbereiten.
Für die Sauce den Ananassaft zusammen mit Zucker, Zitronensaft und der ausgekratzten Vanilleschote einmal kräftig aufkochen lassen. Den Sud durch ein Sieb gießen und den vorbereiteten Sesam-Krokant in die noch heiße Sauce geben. Die Sauce am Besten noch heiß verwenden.
Nach der Ruhezeit aus dem Teig 12 Crêpes backen: eine heiße, leicht gefettete Pfanne etwas schräg halten, soviel Teig in die Pfanne geben, daß eine dünne Teigschicht entsteht und diese mit Hilfe einer Palette einmal wenden. Die gebackenen Crêpes falten, zuerst zur Hälfte und dann zum Viertel zusammenschlagen.
Die so entstandenen Crêpestaschen nun mit den vorbereiteten Früchten füllen, auf einem Teller je zwei Crêpes anrichten und mit der Sesam-Krokant-Sauce übergießen.

Eine asiatisch inspirierte Verführung

* * *

Sashimi – roher dünngeschnittener Thunfisch
auf weißem Rettich mit grünem Meerrettich
und Sojadip

* * *

Tempura – St. Pierre im Teig gebacken
auf Auberginen und exotischem Ketchup

* * *

Kraftbrühe mit asiatischen Aromen parfümiert
und Würfeln von Ingwer-Kartoffeln

* * *

Roastbeef-Rouladen, mariniert
und mit Nadelböhnchen gefüllt
an einer Sauce aus süßem Sake,
japanischer Reis

* * *

Halbgefrorenes aus Honig und
Mango auf Vanilleteesauce

* * *

Yude Azuki —
süße rote Bohnen mit Tee-Eis

Dieses Menü ist weitgehend von den Jahreszeiten unabhängig.
Trotz der Vielzahl der Gänge lassen sich die einzelnen Gerichte gut vorbereiten.

Sashimi — roher dünngeschnittener Thunfisch auf weißem Rettich mit grünem Meerrettich und Soja-Dip

Zutaten

1 kleiner weißer Rettich
2 EL Wasabipulver

Soja-Dip:

4 EL Sojasauce
4 EL Zitronensaft
4 EL Japanischer Reisessig

ca. 300 g frisches Thunfischfilet
2—3 EL eingelegter Ingwer (Fertigprodukt)

Anmerkung:
Der rohe Fisch läßt sich sehr gut mit japanischen Fischmessern (Sashimi Hocho) schneiden, die im Fachhandel erhältlich sind.

Zubereitung

Den weißen Rettich schälen, zuerst in feine Scheiben und dann in feinste Streifen schneiden. Diese dann ca. 1—2 Stunden in reichlich Eiswasser legen, damit der Rettich seine Schärfe verliert und knackig sowie auch glasig wird.
Das Wasabipulver mit ca. 1 Eßlöffel kaltem Wasser anrühren und gut durcharbeiten. So entsteht eine dicke Paste mit einem sehr intensiven Aroma. Aus dieser Paste vier gleichgroße Kugeln formen.
Für den Dip Sojasauce, Zitronensaft und Reisessig miteinander verrühren.
Den fangfrischen Thunfisch mit einem sehr scharfen Messer in dünne Scheiben aufschneiden und diese zusammen mit den weißen Rettichstreifen, den Wasabikugeln, dem eingelegten Ingwer und dem in kleine Schälchen gefüllten Dip anrichten und servieren.

◁ Pochierte Shiitakepilz-Ravioli auf pfannengerührtem Paprika in Zimtsauce, Seite 83 (Wok: Silit)

Tempura — St. Pierre im Teig gebacken auf Auberginen und exotischem Ketchup

Zutaten

Exotischer Ketchup:

300 g geschältes Ananasfleisch
50 g geschälter und vom Kerngehäuse befreiter Apfel
50 g Zwiebelwürfel
50 g Paprikawürfel aus grünen, roten und gelben Paprika
120 g Weißweinessig
je 5 g Salz und Zucker
verschiedene Pfeffersorten (z. B. Szechuanpfeffer, grüner Pfeffer, rosa Pfeffer)
50 g Honig
1 TL Senf
1 TL Curry
1 Nelke
1 Zweig Minze
10 g angerührte Stärke

Tempurateig:

150 g Weizenmehl und 50 g Maisstärke
1 TL Backpulver
ca. 300 ml Eiswasser
1 Eigelb
Salz, gemahlenes Zitronengras

1 große Aubergine

Marinade:

Balsamessig, Salz, Pfeffer, Zucker

4 gleichmäßig zugeschnittene Filetstücke vom St. Petersfisch à ca. 80 Gramm
Salz, Pfeffer
Erdnußöl zum Fritieren

Zubereitung

Exotischer Ketchup:
Das Ananasfleisch zusammen mit dem Apfel im Mixer zerkleinern. Mit allen anderen Zutaten (außer der Stärke) in einen Topf geben und unter Rühren aufkochen lassen. Nun die mit Wasser angerührte Stärke dazugeben und damit abbinden. Nach Belieben abschmecken.

Tempurateig:
Das gesiebte Weizenmehl, die Maisstärke und das Backpulver mit soviel Eiswasser verrühren, daß ein Teig entsteht, der dünnflüssig vom Löffel läuft. Das Eigelb unterrühren und den Teig mit Salz und dem gemahlenen Zitronengras abschmecken.
Die Aubergine gut waschen und in sehr dünne Scheiben schneiden (scharfes Messer oder mit der Aufschnittmaschine), die Scheiben (etwa 7 Stück pro Person) auf vier Tellern verteilen und im Kreis auflegen. Aus Balsamessig, Salz, Pfeffer und Zucker eine Marinade rühren und diese mit Hilfe eines Pinsels auf die Auberginen auftragen. In die Mitte der Auberginenscheiben den noch heißen Exotenketchup verteilen und darauf die Tempura anrichten.

Tempura:
Den St. Pierre leicht salzen und pfeffern. Das Erdnußöl auf 170—180 ° C erhitzen. Die vorbereiteten Fischstücke in den fertigen Tempurateig tauchen und dann im heißen Öl knusprig fritieren (1—2 Minuten).

Sashimi — roher dünn geschnittener Thunfisch auf weißem Rettich mit grünem Meerrettich und Sojadip, Seite 90 ▷

Kraftbrühe mit asiatischen Aromen parfümiert und Würfeln aus Ingwerkartoffeln

Zutaten

500—600 g Rindfleisch (Wade oder hohe Rippe)
60 g geschälte Karotten
60 g geschälte Sellerieknolle
1 kleine geschälte Zwiebel
3 EL Tomatenmark
1 kleiner Zweig Koriandergrün
2 TL Fünf-Gewürze-Pulver
Salz
1 TL gemahlener Koriander
1 Msp. gemahlener Kreuzkümmel
ca. 5 l Wasser

Ingwerkartoffelwürfel:

2 mittelgroße festkochende Kartoffeln, geschält und in Würfel geschnitten
1 l Wasser
1 Döschen gemahlener Safran
1 TL geriebener Ingwer
Salz

Zubereitung

Das Rindfleisch durch die grobe Scheibe des Fleischwolfes treiben. Zusammen mit den ebenfalls sehr fein geschnittenen Gemüsen (Küchenmaschine oder Moulinette) und den Gewürzen sowie dem Wasser in einen Topf geben und alles gut miteinander vermischen. Diesen Topf in einen zweiten setzen und mit soviel Wasser auffüllen, daß der kleinere möglichst noch von Wasser umgeben ist. Dieses Wasserbad erhitzen und während etwa 2 Stunden unter dem Siedepunkt halten. In dieser Zeit klärt sich die Kraftbrühe durch das in ihr enthaltene Eiweiß selber. Außerdem gehen die Geschmacksstoffe aus Fleisch, Gemüsen und Gewürzen in die Flüssigkeit über.
Der Kraftbrühe wird nach der Garzeit noch ca. 15 Minuten Ruhe außerhalb des Wasserbades gegönnt, damit sich das Fleisch am Topfboden absetzen kann.
Dann die Brühe vorsichtig durch ein feines Tuch passieren und gegebenenfalls noch mit Salz abschmecken.
Für die Ingwerkartoffeln werden die Gewürze zusammen mit dem Wasser aufgekocht und die Kartoffelwürfel darin in ca. 10—15 Minuten gegart.
Die Kraftbrühe richten Sie heiß in vorgewärmten Suppentassen zusammen mit den Ingwerkartoffeln an.

Roastbeef-Rouladen, mariniert und mit Nadelböhnchen gefüllt, an einer Sauce aus süßem Sake

Zutaten

Marinade:

4 EL rote Misopaste/Sojabohnenpaste
2 EL Sojasauce
1 EL Zucker
1 TL geriebener Ingwer
2 EL feingeschnittener Zwiebellauch

8 dünn geschnittene rohe Roastbeefscheiben
240 g geputzte und kurz abgebrühte Nadelböhnchen
Salz, Pfeffer
Öl zum Anbraten

Reis:

200 g gut gewaschener Rundkornreis aus Japan
Wasser

Sauce:

1/8 l Mirin/süßer Sake
1/8 l Sake
1/4 l brauner Rinder- oder Kalbsfond
2 EL Misomarinade
Pfeffer

Zubereitung

Zuerst die Marinade zubereiten; dazu alle Zutaten zusammen kräftig miteinander verrühren.
Die Roastbeefscheiben salzen, pfeffern und zu gleichen Teilen die Nadelböhnchen fest wie eine Roulade darin einrollen und ca. 30 Minuten in die Misomarinade legen.
Den gut gewaschenen Reis in einen möglichst flachen Topf geben und einen Fingerbreit mit Wasser bedecken. Den Topf mit einem gutschließenden Deckel abdichten und das Wasser zum Kochen bringen. Nun die Hitze so regulieren, daß der Reis in ca. 15 Minuten gerade eben garziehen kann.
Bitte verwenden Sie kein Salz zum Garen, da das Fleischgericht selbst genügend Würze enthält.
Die Rouladen aus der Marinade nehmen, gut trockentupfen und in heißem Öl von allen Seiten kräftig anbraten.
Das Fleisch aus der Pfanne nehmen und warmstellen. Bratensatz mit Mirin und Sake ablöschen und flambieren, sodaß der Alkohol verbrennen kann. Nun gibt man den braunen Fond und die Misomarinade dazu, läßt alles aufkochen und legt das angebratene Fleisch zum Garziehen hinein (ca. 2—3 Minuten).
Die fertigen Rouladen zusammen mit Sauce und Reis anrichten.

Roastbeef-Rouladen, mariniert und mit Nadelböhnchen gefüllt, an einer Sauce aus süßem Sake, japanischer Reis, siehe oben ▷

Halbgefrorenes von Mango und Honig auf Vanilleteesauce

Zutaten

Parfait:

140 g Eigelb
30 g Zucker
60 g Honig
1 Prise Salz
90 g püriertes Mangomark
70 g Eiweiß
50 g Zucker
500 g geschlagene Sahne

Vanilleteesauce:

1/4 l Milch
1/4 l Sahne
150—200 g Zucker
1 ausgekratzte Vanilleschote
3 EL Vanilletee
8 Eigelbe

Garnitur:

frische Minze
Erdbeermark

Zubereitung

Die Eigelbe zusammen mit dem Zucker, Honig und Salz weißschaumig rühren. Das Mangopüree dazugeben. Eiweiß und Zucker zu steifem Eischnee schlagen und abwechselnd mit der Schlagsahne unter die Mangomasse heben. In Portionsförmchen (125 ml) füllen und 4—5 Stunden gefrieren lassen.
Währenddessen die Vanilleteesauce zubereiten. Milch und Sahne zusammen mit Zucker und Vanilleschote aufkochen. Den Vanilletee zugeben und ca. 10 Minuten ziehen lassen. Nun diese Flüssigkeit durch ein Sieb gießen, gut durchdrücken und den Sud nochmals erhitzen. Die Eigelbe zerquirlen und unter Rühren in die heiße (aber nicht kochende) Vanillemilch einrühren. Hierdurch entsteht eine leichte sämige Sauce, die sofort durch ein Sieb in eine kalte Schüssel gegossen und zum Abkühlen beiseite gestellt wird.
Zum Anrichten die Vanilleteesauce gleichmäßig dick auf vier Teller gießen. Das Erdbeermark etwa pfenniggroß im Kreis am Saucenrand in gleichen Abständen verteilen. Mit einem Rührlöffelstiel oder einem Eßstäbchen durch die Punkte fahren. So entstehen kleine Herzen. Das Mangoparfait kurz in heißes Wasser tauchen und aus den Förmchen stürzen. Auf den vorbereiteten Tellern anrichten und mit Minze garnieren.

Yude Azuki — Süsse rote Bohnen mit Tee-Eis

Zutaten

100 g rote Azukibohnen
Wasser
ca. 75—100 g Zucker
1 Prise Salz

Tee-Eis:

1/4 l Milch
1/4 l Sahne
100 g Zucker
1 ausgekratzte Vanillestange
6 Eigelbe
2 EL grüner japanischer Tee
0,1 l Wasser
Minze zum Garnieren

Anmerkung:
Die Bohnen schmecken am besten, wenn man sie auf dem Teller gut mit dem Tee-Eis vermengt. Es schmeckt dann besser als es aussieht.
Die Bohnen lassen sich einige Tage im voraus zubereiten.

Zubereitung

Die roten Bohnen gründlich waschen und 3 Stunden mit Wasser bedeckt quellen lassen. Mit wenig Wasser zum Kochen bringen, auf ein Sieb schütten, kalt abspülen und erneut in einen Topf geben.
Die so vorbehandelten Bohnen mit Wasser bedecken und ca. 12 Stunden bei mäßiger Hitze leicht köcheln lassen. Dabei die verdampfte Flüssigkeit immer wieder mit Wasser ersetzten. Sobald die Bohnen gar sind, den Zucker und die Prise Salz hinzufügen und noch einmal kurz aufkochen. Nun die Bohnen im Eisschrank abkühlen lassen.
In der Zwischenzeit können Sie den Eisansatz vorbereiten. Dafür Milch, Sahne, Zucker und Vanilleschote aufkochen und dann mit den verquirlten Eigelben binden. Den Eisansatz sofort von der Kochstelle nehmen und durch ein Sieb passieren.
Den grünen Tee mit dem gerade aufgekochten Wasser überbrühen und ca. 3 Minuten ziehen lassen. Den Tee abseihen und den so entstandenen Tee-Extrakt mit dem Eisansatz vermischen und in der Eismaschine gefrieren. Die eiskalten roten Bohnen nach Belieben mit dem Tee-Eis und frischer Minze anrichten.

Langusten-Piccata mit Sesam und Salat von Reisnudeln, Seite 103 ▷

Menue du Bonheur

Langusten-Piccata mit Sesam
und Salat von Reisnudeln
mit Papaya, Tomaten und Curry

* * *

Ingwer-Consommé mit Imperieur,
Shiitake und Lattich

* * *

Navarin vom Steinbutt, knusprig
gebraten mit Fünf Chinesischen
Gewürzen und Frühlingszwiebeln
mit Paprikasauce

* * *

Rehrückenfilet mit
Gemüseroulade, Sesamspätzle
und Jus mit Shanghai-Essig

* * *

Tomme Vaudoise, gebraten,
mit Kim-Chee

* * *

Passionsfruchtcrème mit
Champagnersorbet

Langusten-Piccata mit Sesam und Salat von Reisnudeln mit Papaya, Tomaten und Curry

Zutaten

1 Langustenschwanz, roh
2 Eier
1 EL Sesam, geröstet

80 g breite Reisnudeln
1 Papaya
2 Tomaten

Sauce:

1 EL Butter
1 EL Schalotte, gehackt
1 Knoblauchzehe, gehackt
1 EL Currypaste mild (oder Pulver)
Brunoise von Karotten, Lauch, Zucchini
1 dl Hühnerbrühe
1 TL gehackte Korianderblätter
Salz, Pfeffer, Zucker

Zubereitung

Den Langustenschwanz aus der Schale lösen und mit einem sehr scharfen Messer in ca. 1 cm dicke Medaillons schneiden.
Die Eier aufschlagen und in einen Teller geben. Langustenmedaillons mit Sesamkörnern bestreuen und im Ei wenden. Auf mittlerer Hitzezufuhr in Butter braten, so daß sie noch glasig sind. Leicht salzen.
Nudeln in viel Salzwasser kochen (wie Eierteigwaren, bis sie weich sind, aber noch Biß haben), in ein Sieb abschütten und mit kaltem Wasser abschrecken.
Papaya schälen, entkernen und in 5 mm dicke ca. 5 cm lange Streifen schneiden. Tomaten schälen, in Achtel schneiden und entkernen. Ebenfalls in Streifen schneiden.
Reisnudeln, Papayastreifen und Tomaten vorsichtig miteinander mischen.

Sauce:
Die Butter aufschäumen lassen. Schalotten, Knoblauch und Currypaste darin andünsten. Gemüsebrunoise beigeben. Mit Hühnerbrühe ablöschen. Ca. 5 Minuten köcheln lassen, dann den gehackten Koriander beigeben.
Mit Salz, Pfeffer und Zucker abschmecken.
Den Nudelsalat auf Tellern anrichten. Die Sauce darübergeben und die Medaillons darauf verteilen. Evtl. mit frischen Kräutern hübsch garnieren.

Ingwer-Consommé mit Imperieur, Shiitake und Lattich, Seite 106 ▷

Ingwer-Consommé mit Imperieur*, Shiitake und Lattich

Zutaten

200 g Imperieur (oder Seeteufel, Zander, Crevetten)*
ca. 1 l sehr gute Hühnerbrühe
1 TL Tapioka-Pulver
2 EL Frühlingszwiebeln, fein gehackt
4 frische Shiitake-Pilze (nur die Kappen)
4 Lattichblätter
1 EL fein gehackter frischer Ingwer
Salz

Zubereitung

Fisch nach Wahl in mundgerechte, dünne Scheiben schneiden. Die Hühnerbrühe aufkochen und die Fischstücke darin ganz kurz ziehen lassen.
Fisch in vier vorgewärmte Schalen verteilen.
Tapioka mit etwas Wasser anrühren. In die Brühe geben und aufkochen, so daß die Brühe leicht ölig wird.
Frühlingszwiebeln fein hacken, Shiitake in dünne Scheiben und Lattichblätter in zentimeterbreite Streifen schneiden. Alles in die Brühe geben. Den gehackten Ingwer beifügen und noch einmal aufkochen. Mit Salz abschmecken und zu den Fischscheiben in die Schalen geben.

Anmerkung:
Statt Shiitakepilze können auch Sherrytomaten, je eine Scheibe Trüffel oder ein Wachtelei in die Suppe gegeben werden.

* Rotbrasse

Navarin vom Steinbutt, knusprig gebraten mit Fünf Chinesischen Gewürzen und Frühlingszwiebeln mit Paprikasauce

Zutaten

ca. 300 g frischer Steinbutt oder Lachs
4 Won-Ton-Blätter (Blätter aus Nudelteig)
Fünf Chinesische Gewürze-Pulver
Salz
1 EL Butter zum Braten
4 Frühlingszwiebeln mit Grün (oder junger Lauch)

Für die Sauce:

1 gelbe Paprika
1 rote Paprika
3 Tomaten
1 Schalotte
1 EL Butter
2 EL Shau-Shin oder Sherry
1 dl Doppelrahm (Crème double)
Salz, Pfeffer, Zucker

Zubereitung

Zuerst die Sauce zubereiten: die Paprikaschoten entkernen und in feine Würfel schneiden. Tomaten häuten, entkernen und ebenfalls in Würfel schneiden. Die Schalotte hacken.
Butter im Topf aufschäumen lassen. Die Schalottenwürfel kurz andünsten. Paprika beigeben und mitdünsten. Shau-Shin oder Sherry dazugeben und ca. 2—3 Minuten köcheln. Tomatenwürfel und Sahne dazugeben und nochmals 2—3 Minuten köcheln. Mit Salz, Pfeffer und Zucker würzen.
Vor dem Servieren kurz mit dem Stabmixer mixen, damit die Sauce sämig wird, aber trotzdem noch kleine Stücklein Gemüse vorhanden sind.
Das Fischfilet der Länge nach in 4 gleichmäßige Streifen schneiden. Mit Fünf Chinesischen Gewürze-Pulver und Salz würzen und die Streifen zusammenrollen. Eine Seite der Rolle mit einem Won-Ton-Blatt bedecken und die Seiten des Blattes darüberschlagen. In aufgeschäumter Butter kross braten, so daß das Nudelblatt knusprig ist und der Lachs innen immer noch sehr glasig.
Die Frühlingszwiebeln putzen und je nach Größe in Viertel oder Achtel schneiden. In Salzwasser kurz kochen und abtropfen. Mit etwas Butter, Salz und Pfeffer vermischen.
Einen Saucenspiegel auf vier vorgewärmte Teller gießen. Die Frühlingszwiebeln darauf legen und die Lachspäckchen auf den Frühlingszwiebeln anrichten.

Navarin vom Steinbutt, knusprig gebraten mit Fünf Chinesischen Gewürzen und Frühlingszwiebeln mit Paprikasauce, siehe oben ▷

Rehrückenfilet mit Gemüseroulade, Sesamspätzle und Jus mit Shanghai-Essig

Zutaten

Gemüseroulade:
5 Chinakohl-Blätter
Bohnen, Karotten, Lauch
kleine Maiskölbchen, Kohlrabi
Butter

Spätzleteig:
500 g Mehl
40 g Sesamöl
4 Eier
2 dl lauwarme Milch
Salz
2 EL Butter
1 EL Sesamkörner

ca. 300 g Rehrückenfilet
1 EL Sesamöl
1 EL Kalbsjus
Sternanis
Shanghai-Essig
Salz, Pfeffer, Zucker

Anmerkung:
Falls kein Shanghai-Essig erhältlich ist, kann auch ersatzweise italienischer Balsamico-Essig verwendet werden.

Zubereitung:

Zuerst die Gemüseroulade zubereiten:
Chinakohlblätter in Salzwasser kurz blanchieren, abkühlen und auf einem Küchentuch auslegen.
Alle Gemüse putzen und in ca. 5 mm dicke Streifen schneiden. Ebenfalls blanchieren, so daß sie fast gar sind aber noch etwas Biß haben. Abkühlen lassen.
Die Gemüsestreifen auf den unteren Teil des Chinakohl-Blattes legen, wobei man am besten 3—4 Chinakohlblätter überlappend nebeneinander auf ein Küchentuch legt und dann satt einrollt, so daß gleichmäßige 3—4 cm dicke Rouladen entstehen. Diese anschließend in 4 cm breite Stücke schneiden und auf ein gebuttertes Blech mit der Schnittfläche nach oben legen.

Spätzle:
Zutaten zu einem Teig verarbeiten und im herkömmlichen Sinn Spätzle herstellen.
Kurz vor dem Servieren in einer Pfanne Butter aufschäumen, die Spätzle darin leicht anbraten, mit Sesamkörnern bestreuen und mitbraten.

Rehrückenfilet:
Rehrückenfilet fein säuberlich parieren, mit Salz und Pfeffer würzen und in Öl kross rosa braten.
Den Kalbsjus aufkochen, etwas Sternanis beigeben und reduzieren, bis der Jus eine leicht ölige Konsistenz erreicht. Mit etwas Shanghai-Essig, Salz, Pfeffer und Zucker abschmecken.

Die Rouladen im Ofen erwärmen und mit süßer Butter beträufeln.
Den Rehrücken in ca. 2 cm dicke Stücke schneiden, auf Tellern im Kreis 3 Stück Rouladen und 3 Stück Rehrücken anrichten, in die Mitte des Kreises Sesam-Spätzle geben und die Rehrückenstücke mit Jus (knapper Sauce) nappieren.

Tomme Vaudoise, gebraten mit Kim-Chee

Zutaten

*2 Tomme Vaudoise**
Olivenöl

Kim-Chee, (Chi):**
2 EL Chinakohl-Blätter
1 Knoblauchzehe, gehackt
etwas Salz
1 EL Essig
1 EL Olivenöl
1 Chilischote
thailändischer Schnittlauch

Zubereitung

Chinakohl in dünne Streifen schneiden, gehackten Knoblauch, Salz, Essig und etwas Öl dazugeben. Die Chilischote der Länge nach aufschneiden, die Kerne entfernen, die Schote waschen und ganz fein hacken. Ebenfalls dazugeben. Ca. 20 Minuten ziehen lassen, bis der Kohl Wasser zieht.
Das Olivenöl erhitzen, bis es raucht. Die Tommes darin braten, bis sie auf beiden Seiten goldbraun sind und leicht aufgehen.

Kim-Chee auf Tellern anrichten und evtl. mit Schnittlauch garnieren. Mit einem dünnen, scharfen Messer den Käse halbieren und ebenfalls auf Teller geben. Das muß sehr schnell gehen, da die Tommes innen flüssig geworden sind!

* Ein milder runder Käse aus dem Waadtland, der cremig und je nach Reifegrad leicht säuerlich schmeckt.

** Kim Chee (Chi) = eingelegter Chinakohl, ist eines von Koreas Nationalgerichten, von dem es sehr unterschiedliche Rezepturen gibt. Es wird fast zu jeder Mahlzeit gereicht (siehe auch Seite 134).

Passionsfruchtcrème mit Champagnersorbet

Zutaten

Sorbet:
3/8 l Champagner
1/16 l Läuterzucker
1 Eiweiß, etwas Zitronensaft

Passionsfruchtcrème:
1/4 l Milch, 50 g Zucker
1/2 Vanilleschote, 20 g Speisestärke
2 Eigelbe
1/8 l geschlagene Sahne
Kerne von 1 Passionsfrucht (Schale aufbewahren)

Passionsfruchtsauce:
6 Passionsfrüchte (Schale aufbewahren)
2 EL Zucker, 1 EL Pfeilwurzelmehl

Zubereitung

Zuerst alle Zutaten für das Sorbet mischen und die Masse gefrieren.
Für die Passionsfruchtcreme die Milch aufkochen, Zucker und die aufgeschnittene Vanilleschote beigeben. Stärkepulver mit etwas Wasser anrühren und in die Milch rühren, dann vorsichtig die Eigelbe in die nicht kochende Milch geben und zur Rose kochen. Abkühlen lassen.
Die Schlagsahne langsam unterziehen und am Schluß noch die Passionsfruchtkerne zugeben.
Mit dem Saft (Pulpe) der Passionsfrüchte und den übrigen Zutaten eine Sauce kochen.
Nun die Crème in der einen Hälfte der Passionsfruchtschalen anrichten und das Sorbet in der anderen. Beide Hälften auf einem Teller mit der Sauce und einer Garnitur anrichten (siehe umseitige Abbildung).

Passionsfruchtcrème mit Champagnersorbet, siehe oben ▷

Light Lunch

Feuilleté von mariniertem Lachs
und geräuchertem Stör
mit Jakobsmuschelkompott und
Seeigel an Ingwer

* * *

Milchlammfilet mit Minzenudeln
und Currycrème

* * *

Gebrannte Crème mit frischen
Beeren und Caramelglace
mit Nougat

Feuilleté von mariniertem Lachs und geräuchertem Stör mit Jakobsmuschelkompott und Seeigel an Ingwer

Zutaten

200 g Lachs
Sojasauce zum Marinieren
200 g geräucherter Stör
4 Reisblätter
4 Blätter Eisbergsalat
4 Jakobsmuscheln
1 Eigelb
15 g Ingwer, in Essig eingelegt
*10 g Seeigel**
2 EL Hühnerbrühe
2 TL Sesamöl
100 g Aeschen-, Felchen- oder Lachskaviar
Kräuter und Salate zur Garnitur

Zubereitung

Den Lachs mit der Sojasauce marinieren.
Die Reisblätter in Kreise, Dreiecke oder Rhomben schneiden. Die Eisbergsalatblätter in die gleiche Form und Größe schneiden.
Die Jakobsmuscheln zur Brunoise (feinwürfelig) schneiden. Mit Eigelb, in Julienne geschnittenem Ingwer, Seeigel, Kraftbrühe, Sesamöl und Sojasauce eine Sauce (Emulsion) herstellen. Jakobsmuschel-Brunoise und Kaviar zugeben.
Die zugeschnittenen Reisblätter in sehr heißem Öl fritieren.
Stör in feine Scheiben schneiden. Lachs kurz in einer sehr heißen Pfanne braten — nur einige Sekunden und ebenfalls fein schneiden.
Reisblatt, Salat, Lachs und Stör schichtweise auf Teller legen. Mit der Sauce und Garnitur anrichten.

* siehe Bezugsquellen, ab Seite 148

Feuilleté von mariniertem Lachs und geräuchertem Stör mit Jakobsmuschelkompott und Seeigel an Ingwer, siehe oben ▷

Milchlammfilet mit Minzenudeln und Currycrème

Zutaten

400 g Lammrückenfilet, ohne Fett und Haut
1 EL Sojasauce
1 EL Sake
1 Msp. Fünf Chinesische Gewürze-Pulver
Öl zum Braten

Minzenudeln:

200 g Eiernudeln, frisch und fein
1 EL Butter
1 EL Minzeblätter, in Streifen geschnitten

Currycrème:

2 dl Kalbsfond
2 dl Doppelrahm (Crème double)
ca. 2 EL Madrascurrypulver, mild
Salz, Zucker

Beilage:

Das Grün vom Staudensellerie
Öl zum Fritieren

Zubereitung

Lammfilet in Soja, Sake und Fünf Chinesischen Gewürzen für ca. 2 Stunden marinieren.
Nudeln in Salzwasser kochen, abtropfen und abkühlen lassen.
Den Kalbsfond einkochen und danach den Doppelrahm zugeben, mit Currypulver würzen, salzen, eine Prise Zucker beigeben und langsam ca. 10 Minuten köcheln lassen.
Lammfilet in heißem Öl rosa braten und ca. 10 Minuten neben der Kochplatte ziehen lassen.
Nudeln in Butter erwärmen und Minzeblätter dazugeben, salzen.
Die Sauce abschmecken, sodaß sie aromatisch, jedoch mild ist.
Nudeln auf Tellern anrichten, mit der Sauce übergießen und das in dünne Scheiben geschnittene Fleisch danebenlegen.
Das gewaschene Selleriekraut in sehr heißem Öl fritieren und als Beilage und Dekoration dazugeben.

Gebrannte Crème mit Beeren und Caramel-glace mit Nougat

Zutaten

alle Sorten frische Beeren: Himbeeren, Erdbeeren, Heidelbeeren etc.
4 EL Zucker
4 EL Cashew Nüsse
4 EL Vanillecrème (Fertigprodukt)
2 Vanillestangen
4 dl Sahne
4 EL Himbeermark
*Caramelglace**
Nougat

Zubereitung

Die Beeren verlesen, falls nötig waschen und trocknen. 2 Eßlöffel Zucker in einer Pfanne karamelisieren. Die Cashew Nüsse dazugeben und auf einem leicht geölten Teller auskühlen lassen. Danach grob hacken.
Die Vanillecrème verrühren, das Mark von beiden Vanillestangen dazugeben.
Sahne steif schlagen, leicht zuckern und unter die Vanillecrème ziehen.
Die Beeren auf tiefen Tellern verteilen und Himbeermark dazugeben, mit der Crème total bedecken. Restlichen Zucker darüberstreuen und unter dem Grill oder der Heizschlange oder bei Oberhitze im Ofen gratinieren, so daß der Zucker karamelisiert.
Eine Kugel Caramelglace in die Mitte setzen und mit viel Nougat überstreuen.

* fertig gekauftes Karameleis

Gebrannte Crème mit frischen Beeren und Caramelglace mit Nougat, siehe oben ▷

Familienessen

Vorspeisenfächer mit Saumon-
roulade, Californiaroll und
Crevetten mit Speck
und Koriander

* * *

Seezungenfilet mit Mandeln
paniert und Shiitake-Crème-Sauce

* * *

Teriyaki-Steak mit Chinakohlsalat
und Mark-Tempura

* * *

Exotischer Fruchtsalat mit
Umeshu Sorbet

Vorspeisenfächer mit Saumonroulade, Californiaroll und Crevetten mit Speck und Koriander

Zutaten Saumonroulade

700 g Saumon fumé (geräucherter Lachs)
4 hart gekochte Eier
4 EL Mayonnaise, Salz
evtl. 2 Blatt Gelatine, aufgelöst

Zubereitung:

Die hart gekochten Eier schälen und fein hacken. Ca. 5 mm dicke Saumon fumé-Scheiben überlappend auslegen, so daß ein ca. 30 cm breites Band entsteht. Diesen Vorgang zweimal wiederholen. Den Rest des Räucherlachses hacken und mit den gehackten Eiern vermischen. Die Mayonnaise dazugeben, etwas salzen und die aufgelöste Gelatine beifügen. Gut mischen, sodaß eine dickflüssige Füllung entsteht. Auf die beiden Lachsbänder verteilen und einrollen. Kühl stellen.

Zutaten Californiaroll

200 g Klebereis
150 g roher Thunfisch
150 g Salatgurken
1 Avocado (nicht zu reif)
Wasabipulver
6—8 Noriblätter
geröstete Sesamkörner

Zubereitung

Den Reis kochen und abkühlen lassen.
Thunfisch in zentimeterdicke Streifen schneiden. Das Salatgurkenstück schälen und ebenfalls in Streifen schneiden. Die Avocado schälen, Kern entfernen und die Frucht in Streifen schneiden.
Wasabipulver mit etwas Wasser anrühren. Die Noriblätter auf ein Küchentuch legen und 1/3 des Blatts gleichmäßig mit Klebereis bedecken (ca. 1 cm dick). In die Mitte des Klebereises Streifen von Thunfisch, Gurke und Avocado geben. Das Ganze mit wenig Wasabi bestreichen (Vorsicht: sehr scharf) und mit gerösteten Sesamkörnern bestreuen. Satt zusammenrollen und sofort mit einem sehr scharfen Messer in ca. 2 cm dicke Stücke schneiden.

Zutaten Crevetten

2 Riesencrevetten pro Person
pro Crevette 1 Stck. Frühlingsspeck,
Korianderblätter, Salz
2 Eiweiß
Öl zum Braten

Zubereitung

Die Crevetten schälen. Auf der Rückseite aufschneiden und den Darm entfernen. Etwa bis zur Mitte aufschneiden und dann plattieren.
Den Speck mit Eiweiß befeuchten und an die Unterseite der Crevetten kleben.
Das Reststück um das Schwanzende wickeln.
Korianderblätter im Eiweiß wenden und auf die Crevetten kleben.
In einer Pfanne ca. 2 cm tief Öl erhitzen und die Crevetten mit der Speckseite nach unten hineingeben und goldbraun braten. Herausnehmen und auf Küchenkrepp abtropfen.

Zusammensetzung

Die Saumonroulade aus dem Kühlschrank nehmen und in ca. 1 1/2 cm dicke Scheiben schneiden. Je nach Lust und Möglichkeit pro Vorspeise je einen hübschen Teller oder eine Platte für die Mitte des Tisches anrichten oder pro Person einen Teller mit allen drei Vorspeisen vorbereiten. Nach Belieben und nach Jahreszeit ausschmücken.

Seezungenfilet mit Mandeln paniert und Shiitake-Crème-Sauce

Zutaten

Für die Sauce:

6 getrocknete Shiitake Pilze
1 Schalotte
1 EL Butter
2 EL Shau-Shin oder Sherry
3 dl Sahne
Salz, Pfeffer, wenig Zitronensaft

8 frische Seezungenfilets
2 dl Sahne
100 g geriebene Mandeln
Salz, Pfeffer
80 g Butter zum Braten

Zubereitung

Die Shiitake-Pilze in lauwarmem Wasser ca. zwei Stunden einweichen.
In einem kleinen Pfännchen in einem halben Liter Wasser weich kochen (ca. 15 Minuten).
Die Pilze herausnehmen, Stiele entfernen und die Hütchen in kleine Würfel schneiden.
Den Pilzkochfond auf ein Drittel reduzieren. Schalotte hacken, Butter aufschäumen und die Schalottenwürfelchen andünsten. Shau-Shin oder Sherry sowie den Pilzfond und die Sahne dazugeben. Ca. 10—15 Minuten köcheln lassen, bis die Sauce leicht bindet. Mit Salz, Pfeffer, Zitronensaft würzen. Mit dem Mixstab aufschlagen und die Pilzwürfel dazugeben.
Die Seezungenfilets salzen. Sahne auf einen Teller gießen, auf einen zweiten Teller geriebene Mandeln geben. Die Filets auf einer Seite in die Sahne legen und dann in die Mandeln. Nur einseitig panieren! Die Butter in einer Pfanne aufschäumen. Die Seezungenfilets mit der panierten Seite nach unten in der Butter goldbraun braten. Einmal kurz wenden.
Die Pilzsauce auf vorgewärmte Teller gießen und die Filets darauflegen.
Nach Belieben kann Klebereis dazu serviert werden.

◁ Vorspeisenfächer mit Californiaroll, Saumonroulade und Crevetten mit Speck, Seite 123

Teriyaki-Steak mit Chinakohlsalat und Mark-Tempura

Zutaten

800—1000 g gelagertes Zwischenrippenstück oder US-Sirloin
Teriyaki-Sauce

Chinakohlsalat:

1/2 Kopf Chinakohl
150 g Feldsalat
4 EL leichte Sojasauce
2 EL Sesamöl
1 EL geröstete Sesamkörner
1 TL geraffelter Ingwer

100 g Tempuramehl
Wasser
1 Eiweiß

16 Scheiben Rindermark
Öl zum Fritieren

Schale einer Orange (ungespritzt) und Schnittlauch

Zubereitung

Das Fleisch in vier gleich große Stücke schneiden. Mit Teriyaki-Sauce marinieren.
Den Chinakohl fein schneiden, den Feldsalat putzen und in einzelne Blätter zupfen. Mit dem Chinakohl vermischen. Mit Sojasauce, Sesamöl, Sesamkörnern und geraffeltem Ingwer eine Marinade anrühren und über den Chinakohl geben. Gut mischen und ca. 5 Minuten ziehen lassen.
Tempura-Mehl mit etwas Wasser und einem Eiweiß zu einem Fritierteig anrühren.
Das Rindermark leicht salzen. In einem kleinen Pfännchen Öl erhitzen. Die Markscheiben im Fritierteig wenden und fritieren.
Das Rindfleisch trockentupfen, leicht einölen und grillieren, so daß es noch ziemlich blutig ist (saignant).
Die Marinade mit hauchdünnen Orangenschalenstreifen* und gehacktem Schnittlauch vermischen und auf vorgewärmte Teller geben.
Etwas Chinakohlsalat auf jeden Teller legen. Das Fleisch in ca. 1 cm breite Scheiben schneiden und auf dem Salat anrichten. Jeweils drei bis vier fritierte Markscheiben dazugeben.

* Die hauchfeinen Streifen lassen sich sehr gut mit dem Zesten-Messer abschälen.

Teriyaki-Steak mit Chinakohlsalat und Mark-Tempura, siehe oben ▷

Exotischer Fruchtsalat mit Umeshu Sorbet

Zutaten Fruchtsalat

Mango, Papaya, Kiwi, Karambole (Sternfrucht), Physalis, Lychees, Rambutan, etc. (alle erhältlichen exotischen Früchte)

1 l Wasser
300 g Zucker
Saft einer Orange
1 Zimtstange
2 Nelken
2 Vanillestangen
Passionsfruchtmark von 3 Passionsfrüchten

Zubereitung

Die Früchte waschen, putzen, evtl. schälen und in Scheiben schneiden (nicht zu klein).
Das Wasser aufkochen, Zucker und Gewürze beigeben und ca. 5 Minuten leicht köcheln lassen. Gewürze herausnehmen und das Passionsfruchtmark und die Früchte in den warmen Sud geben und darin abkühlen.

Zutaten Umeshu Sorbet

(Wenn nicht erhältlich, kann irgendein anderes exotisches Fruchtsorbet zubereitet werden).

2 dl Wasser
550 g Zucker
3 dl Weißwein, trocken
5 dl Umeshu, Japanischer Pflaumenwein

Zubereitung

Das Wasser aufkochen, Zucker dazugeben und zu Sirup kochen.
Dann den Weißwein und Umeshu dazugeben und mit Zuckerwaage abmessen. Die Konsistenz sollte 16,5° betragen. Je nach Bedarf noch Zucker oder Wasser beigeben. Die Masse in der Eismaschine gefrieren.
Den kalten Fruchtsalat mit viel Saft in China-Schalen geben und je 1 Kugel Sorbet dazu servieren (auf den Fruchtsalat legen oder separat).
Mit Zucker bestäuben, mit Minzeblättern garnieren.

Asiatische Zutaten von A bis Z

Abura age

Dünner, fritierter Tofu, frisch oder tiefgefroren

Agar-Agar

Gelierender Stoff aus Algen

Arrow-root

Pfeilwurzelmehl, stärkehaltiges, pflanzliches Bindemittel, das geschmacksneutral ist (siehe auch Tapioka).

Atsu-age

Dicke, fritierte Tofuscheibe

Tofu, natur, zweimal Tofu fritiert, rechts Tofu mit Kräutern

Austernsauce (Oystersauce)

Dickflüssige Würzsoße aus fermentierten Austern und Sojabohnen für die Fischküche, aber auch für pfannengerührte Gemüse- und Fleischgerichte. Nicht als Tischwürze wie Sojasauce oder Hoisinsauce.

Basmatisreis

Duftiger und lockerer, nach dem Kochen leicht anhaftender, langkörniger Reis aus Nordindien oder Pakistan.

Bonitoflocken (Katsuobushi)

Aus geräuchertem, getrocknetem Bonito (dem Thunfisch ähnlich), in feine Flocken gehobelt, Eine wichtige Zutat für japanische Brühen (Dashi).

von links: Japanische Udon-Weizennudeln, japanische Buchweizennudeln, chinesische Glasnudeln, japanische Kuzukiri-Glasnudeln

Chinesische und japanische Nudeln

Auch hier gibt es eine große Vielfalt. Reisnudeln aus Reismehl sind getrocknet transparent und zubereitet schneeweiß. Glasnudeln aus Mungobohnenmehl bleiben auch nach dem Garen durchsichtig (»glasig«). Reis- und Glasnudeln sollten 1—2 Minuten in reichlich Wasser gegart werden, um sie für den Verzehr schmackhaft aufzubereiten. Getrocknete Reisnudeln kann man auch kurz in heißem Öl fritieren. Es gibt noch Weizen- und Buchweizennudeln (Soba). Udon sind japanische Weizennudeln, die in Suppen oder im Fondue gegessen werden. Harusame (japanisch: Frühlingsregen) sind getrocknete Nudeln aus Bohnenstärke (grüne Mungobohnen) oder Weizenmehl.

Chinesische Pilze

Getrocknete Pilze wie Wolkenohrpilze (Mu-Err-Pilze), Morcheln, Reisstrohpilze oder Tongupilze (japanische Shiitakepilze).
Vor der Zubereitung einweichen und insgesamt sparsam verwenden. Zum japanischen Fondue passen auch gut frische Austernpilze oder Steinchampignons.
Die Stiele der Tongupilze sind gummiartig und werden deshalb vor dem Verzehr dicht unter der Kappe abgeschnitten.

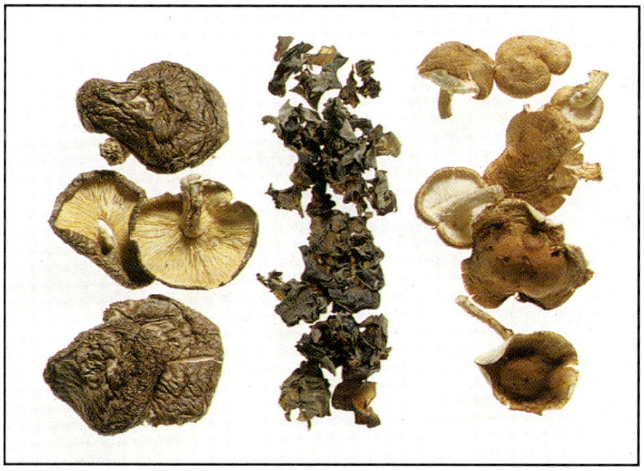

von links: getrocknete Shiitake-Pilze, Wolkenohr-Pilze (Mu Err), frische Shiitake-Pilze

Chinesischer Schnittlauch

läßt sich aus Samen (»Schnittknoblauch«) ziehen und duftet leicht nach Knoblauch; seine Blüten duften zart nach Rosen. Ebenfalls viel verwendet werden frische Frühlingszwiebeln.

Chrysanthemenblüten

Blüten einer speziellen Chrysanthemensorte aus Japan, die man aus Samen ziehen und essen kann, zum Beispiel im Salat mit den ebenfalls eßbaren jungen, zarten Blättern.

Currypaste

gelb und grün, Fertigprodukt, in Asienläden erhältlich.

Dasheen

eine japanische Weiterzüchtung der Tarowurzel (s. d.)

Dashi

Fast fettfreie japanische Brühe aus Bonitoflocken und Meeresalgen (Konbu, Seetang). Nach dem Kochen die Brühe durch ein Sieb gießen. Dashi gibt es auch als Fertigprodukt. Die Brühe wird nicht nur als Suppe serviert, sondern Sie dient auch als Grundlage für viele Gerichte (z. B. Würze zu gekochtem Reis) und Saucen.

Trockengewürze, von links oben: ganze Nelken, gemahlener Pfeffer, Anissamen, Stangenzimt, Piment, ganz und gemahlen, in der Mitte: Fünf Chinesische Gewürze-Pulver

Gewürze

Aus der Vielzahl stellvertretend das Fünf-Gewürze-Pulver. Von Hersteller zu Hersteller sind die Ingredienzen unterschiedlich. Zwei von vielen Möglichkeiten: Pulverisierter Sternanis, weißer Pfeffer, Fenchel, Nelken und Kassia. (Chinazimt), gemahlener Anissamen, Szechuan-Pfeffer, Fenchel, Zimt, Nelken — verzögerte Würzwirkung, sehr scharf!

Glasnudeln

siehe chinesische Nudeln

Goma

Weiße und schwarze Sesamkörner (Samen).

von links: Sesamsamen, gereinigt, Sesam, schwarz, rechts Sesam, naturbelassen

Hoisinsauce

Zähflüssige chinesische Würzsoße aus Sojabohnen, auch Kürbis, Knoblauch und vielen Gewürzen. Scharf, mit leicht süßlichem Geschmack.

Ingwer

Shoga (frische Ingwerwurzel) hat ein kräftiges Aroma und eine typische Schärfe. In der japanischen Küche wird er sowohl als Gewürz als auch als Beilage geschätzt, zum Beispiel marinierte Ingwersprossen (ha-shoga) zum Fisch. Frische, geschälte Ingwerwurzeln, in hauchdünne Streifen geschnitten, dienen zum Würzen von Sushi, Tofu- und Fischgerichten. Frische Ingwerwurzeln gibt es auch hierzulande.

Kaffirzitrone (auch rauhe Zitrone)

ist runder als eine normale Zitrone und hat eine unebene, rauhe Schale. Ihre starke Säure besitzt zusätzlich ein pikantes Aroma und ähnelt darin der Limone. Die Schale dient hauptsächlich als Würze.

Kapstachelbeere (Physalis)

Kapstachelbeere (Physalis)

stachelbeergroße, gelbe bis grün-gelbe Früchte, die wegen ihres erfrischenden, süß-säuerlichen Geschmackes auch Ananaskirschen genannt werden. Die Beeren sind von einer papierartigen zarten Hülle umgeben. Die Früchte werden hauptsächlich aus Südafrika und Australien importiert.

Karambole (Sternfrucht)

Karambole (Sternfrucht)

auch Baumstachelbeere, eine längliche, grüngelbe Frucht mit tiefen, scharfkantigen Längsrippen. Schneidet man sie in Scheiben, erhält man sternförmige Gebilde. Das Fruchtfleisch schmeckt erfrischend-säuerlich. Die Früchte gibt es frisch von Dezember bis April (aus Brasilien, der Karibik und dem südpazifischen Raum). Ein besonderes Reifemerkmal sind die braunen Kanten der Längsrippen (siehe Foto).

Kim Chee (Chi)

Das Gericht ist ein koreanisches Nationalgericht, das zu fast allen Mahlzeiten gegessen wird. Entsprechend vielfältig sind die Rezepte (siehe auch Seite 111). Eine traditionelle Methode besagt, daß der leicht angetrocknete Chinakohl zunächst eine Woche mit Salz und Cayennepfeffer gewürzt in einem Steintopf ziehen muß. Dann wird er mit Wasser abgespült, getrocknet, zerkleinert und wieder mit Zwiebeln, Knoblauch und Chilis (alles fein gehackt) in den Steintopf geschichtet, dabei noch mit Sojasauce und etwas Essig gewürzt. Gut gekühlt hält sich Kim Chee bis zu drei Wochen.

Kiwi

chinesische Stachelbeere. Die bei uns angebotenen Früchte stammen weitgehend aus Neuseeland und Italien. Sie haben eine braune, leicht behaarte Schale. Neben der Guave hat die Kiwifrucht einen hohen Vitamin-C-Gehalt (den höchsten hat die Acerolakirsche mit 500—4000 mg!) Die Kiwi wird in der chinesischen Literatur schon im 15. Jahrhundert erwähnt.

Konbu oder Kombu

Getrockneter Seetang mit mildem Geschmack für die Zubereitung von Dashi und als Würze für einige Fisch- und Gemüsegerichte sowie Fondue.

Korianderkraut

Das frische grüne Kraut hat einen unverwechselbaren Duft, der aus der asiatischen Küche nicht wegzudenken ist. Es entspricht allerdings nicht jedermanns Geschmack. So heißt die »chinesiche Petersilie« auch Wanzenkraut (die unreifen Spaltfrüchte verströmen einen unangenehmen Wanzengeruch).
Völlig anders im Geschmack sind die braunen Samenkapseln, die man bei uns als Brotgewürz kennt; Koriander ist auch Bestandteil des Currypulvers.

Frische Kräuter, von links: Kerbel, Knoblauchschnittlauch, Koriandergrün

Lychee (Litschi)

Kleine runde Baumfrüchte (Litschipflaumen), mit rötlicher, später bräunlicher, dünner, rauher Schale. Sie lassen sich leicht schälen. Das Fruchtfleisch ist weiß, fest, von lieblichem, leicht muskatähnlichem Aroma, angenehm süß-säuerlich. Der große schwarze Kern ist ungenießbar. Litschis werden auch in Dosen angeboten — konserviert schmecken sie fade.

Mango

Die Früchte sind seit einigen tausend Jahren in Indien, Südostasien und China bekannt, durch die seefahrenden Portugiesen kamen die Früchte auch nach Brasilien und Südafrika. Es

Mango

gibt viele unterschiedliche Mangosorten, die meisten, die bei uns angeboten werden, sind hellgrün bis gelb-orange oder rötlich-gelb. Das Fruchtfleisch ist fest, süß und leicht herb, gelegentlich mit einem leichten Terpentingeschmack. Reich an Provitamin A und C.

Mangostane

Mangostane

müssen reif geerntet werden, da sie nicht nachreifen, sie sind nur kurze Zeit haltbar. Die fast kugelrunden Früchte haben eine ledrige Außenhaut. Aufgeschnitten findet man im Innern weißes, zartes Fruchtfleisch, das in vier bis sechs Segmente zerfällt. Der Geschmack ist erfrischend-süß-sauer, ein wenig an Ananas und Aprikose erinnernd. Leicht gekühlt schmeckt die Frucht am besten.

Mirin

Eine Art süßer Reiswein, Kochwein aus Reis, Hefe und Schnaps mit 13 % Alkohol und 25—38 % Zucker, verleiht vielen Speisen einen milden Geschmack. Ersatzweise Sherry medium oder dry; 0,5 l Mirin kostet z. Zt. immerhin 10—12 M.

Miso

Sojabohnenpaste, vielleicht das älteste Gewürz Japans. Es gibt je nach Art und Menge der verwendeten Zutaten wie Sojabohnen, Reis, Gerste, Salz und Wasser unterschiedliche Misosorten, mal dunkel und kräftig, mal heller und milder bis leicht süßlich. Bekannt ist die Miso-Suppe.

Eßbare Algen, von links: Nori, Laitue de mer und Dulse

Nori

eine Algenart, die neben *Laitue de mer* und *Dulse* eßbar ist. Algen gehören zum täglichen Speiseplan in Japan. Da die Gewässer rund um Japan stark verschmutzt sind, werden meistens Algen aus der Bretagne verwendet. Die Algen, die zum Teil auch roh (wie Laitue de mer) gegessen werden können, enthalten Calcium,

Magnesium, Jod — um nur einige wichtige Inhaltsstoffe zu nennen, außerdem sind sie reich an Proteinen und weiteren Mineralsalzen. Geröstet erhält Nori ein besonderes Aroma und wird leicht knusprig. Nori ist eine wichtige Zutat für Sushi, zum Beispiel indem man den Reis und die anderen Bestandteile darin einrollt.

Pak-Choi (Soy)

eine asiatische Kohlart, die keinen Kopf bildet. Die Blätter sind dunkelgrün, sie erinnern ein wenig an Mangold. Der Geschmack ist mild von feiner Schärfe. Pak-Choi wird roh in Salaten und gebraten, vorzugsweise mit Reis, gegessen.

Papaya

Papaya

eine grünlich-gelbe, birnen-, kegelförmig oder melonenartige Frucht mit gelbem bis orangefarbenem, angenehm süß schmeckendem Fruchtfleisch. Die schwarzen Kerne werden auch als Fleischweichmacher verwendet (dieselbe Wirkung hat ein Blatt). Die Papaya ist in den Tropen als Heilpflanze gegen vielerlei Krankheiten bekannt. Reicher Gehalt an Provitamin A und verschiedenen B-Vitaminen.

Passionsfrucht (Maracuja)

Passionsfrucht

auch Maracuja, gibt es mit gelber, roter bis braun-lila Fruchtschale. Die gelben Früchte sind etwas saurer und kräftiger im Geschmack — am besten sind sie, wenn die Haut schon etwas runzelig ist. Die orangegelbe Pulpe duftet sehr angenehm, der Geschmack ist süß-sauer, an Erdbeere und Aprikose erinnernd. Die Kerne kann man mitessen. Maracujas kann man auslöffeln oder zu exotischen Drinks verarbeiten.

Ponzuessig

eine japanische Speisesäure, u.a. aus Zitronensäure und natürlichen Aromen hergestellt. Verwendung: zu rohem Fisch, Salaten und rohem, dünngeschnittenem Rindfleisch.

Rambutan

Rambutan

wird auch haarige Litschi genannt, da die Früchte sich gleichen, die Rambutan jedoch mit wolleähnlichen Fasern besetzt ist. Hat man die lederartige, rötliche Haut entfernt, erhält man ein durchsichtig-weißes Fruchtfleisch, das nicht viel Eigengeschmack aufweist, daneben gibt es aber auch säuerlich-aromatische Früchte. Der Kern ist schwer zu entfernen.

Basmati-Reis aus Pakistan (links) und japanischer Rundkornreis (Kome)

Reis

Das wichtigste Getreide der asiatischen Küche. Eine Mahlzeit ohne Reis ist selten. Allerdings schätzt man in China und Japan nicht den körnigen, sondern den leicht anhaftenden Reis, schließlich will man ihn mit Stäbchen essen können. Auch für die Zubereitung von Sushis ist die klebrige Konsistenz des kleinen japanischen Rundkornreises wichtig, damit sie nicht auseinanderfallen.

Reisessig

In Japan »su« genannt, gilt als wichtiges Gewürz bei der Sushizubereitung. Für Sushi wird der gegarte Reis mit Awasesu, einer Lösung aus Essig, Zucker und Salz gemischt.

Reispapierblätter, oben rechts Spezialgerät zum Falten des Won Ton-Teiges, darunter quadratische Won Ton-Teigblätter, Mitte: verschiedene Faltmöglichkeiten

Reispapierblätter

Aus Reismehl hergestellte, geschmacksneutrale Blätter verschiedener Größen zum Einpacken (vorher einweichen!) von Füllungen, zum Beispiel Glücksrollen. Erhältlich in Asienläden.
Vorsicht: in getrocknetem Zustand sind die Reispapierblätter leicht zerbrechlich.

Reiswein (Sake)

Wird aus Reis hergestellt und auch als japanischer Wein bezeichnet (15—17 % Alkohol). Geschätzt als Getränk und spezielle Würze.
Es gibt zwei Sorten: Heller Reiswein kann unter Umständen durch Obstessig ersetzt werden, dunkler Sake ist geschmacklich nicht zu ersetzen.

Sambal Oelek (Olek/Ulek)

eine sehr scharfe Gewürzpaste, besteht vor allem aus Chilischoten, die mit Essig oder Tamarindensaft (s. d.) und etwas Salz im Mixer zubereitet werden kann (oder Fertigprodukt).

links Sansho-Pfeffer, daneben Shichimi Togarashi

Sansho

Gewürz aus dem stacheligen Eschensamen. Außergewöhnliches Aroma, nicht mit bei uns bekannten Gewürzen vergleichbar. Paßt zu Suppen und gekochtem Fisch, darf aber nicht mitgebraten werden, es wird sonst bitter. Auch beim Kochen verliert es an Aroma.

Sashimi

Rohes, fangfrisches Fischfilet auf besondere Art geschnitten (in der Regel in sehr dünnen Scheiben), wird mit separat gereichter Sojasauce und angerührtem Wasabipulver serviert.

Verschiedene Pasten, links Sateypaste, rechts milde Currypaste, oben Wasabipaste

Sateypaste

Fertigprodukt für Sateysauce, in asiatischen Lebensmittelgeschäften erhältlich. Sie wird laut Anweisung auf der Verpackung oder den Rezeptangaben verwendet und hat einen würzigen (Chili) und aromatischen (Erdnüsse) Geschmack. Wird meist zu gegrillten Spießchen aus Fleisch, Geflügel oder auch Fisch gereicht.

von links: Ponzuessig, Sesamöl, brauner Essig und Hoi Sin-Sauce (auch zum Grillen)

Sesamöl

Aus geröstetem Sesamsamen gewonnen. Feines, rauchiges Aroma. Nicht zum Braten verwenden, sondern den Speisen sparsam als Würzmittel zufügen. Zum Braten werden Soja-, Erdnuß- und Sesamöl (allerdings helles, d.h. nicht aus den gerösteten Samen hergestelltes) verwendet. Diese Öle können hoch erhitzt werden.

Shanghai-Essig

In Asien-Geschäften erhältlich. Es ist ratsam, ihn wegen seines typischen Eigengeschmacks sehr sparsam zu verwenden, z.B. in der Kombination mit Ingwer.

Shau-Shin

Fermentierter Reiswein mit einem an Madeira erinnernden Geschmack.

Shichimi Togarashi

Typische japanische Gewürzmischung aus Chilipulver, schwarzem Sesam, Algen und Orangenschalen sowie teilweise noch anderen Zutaten.

Japanische Sojasaucen von Kikkoman

Sojasauce (oder japanisch Shoyu)

Sojasauce ist das bekannteste und am vielseitigsten verwendbare flüssige Gewürz der japanischen Küche. Japanische Sojasauce wird aus gekochten Sojabohnen und geröstetem Weizen mit Hilfe von bestimmten Mikroorganismen »gebraut«. Weitere Zutaten sind Salz und Wasser. Das wertvolle Sojaeiweiß wird dabei zu den geschmacksgebenden Aminosäuren (natürliche, lebenswichtige Eiweißbausteine) abgebaut. Aus der Weizenstärke entstehen Zuckerstoffe, die zum Teil im Verlauf der weiteren Gärung in Säuren umgewandelt werden. Resultat des über mehrere Monate dauernden Reifungsprozesses ist der besondere Geschmack, das Aroma und die typische Farbe der nährstoffreichen Sojasauce, die ein natürliches Fermentationsprodukt ohne chemische Zusatzstoffe ist. (Siehe auch Sukiyaki- und Teriyaki-Sauce).

Sobanudeln –

können wie herkömmliche Nudeln mit Biss gegart werden oder nach 5 Minuten Kochzeit noch kurz in heißem Öl angebraten werden.

Alfalfa-Sprossen

Mungobohnen-Sprossen

Sprossen

Gekeimte Hülsenfrüchte, Samen und Getreide. Nährstoffreiche Frischkost für Salate und als Gemüse (z. B. Mungobohne, Rettich, Adzukibohne und Alfalfa).

Sukiyaki-Sauce

Spezielle Sojasaucen-Zubereitung mit Zucker und Reiswein für Sukiyaki, dem japanischen Fondue mit Rindfleisch und Gemüse.

Sushi —

ist eine Art belegtes Brot auf japanisch. Klebereis (evtl. mit etwas Essig und einer Prise Zucker gewürzt) wird mit verschiedenen Zutaten, wie z. B. Gemüsen, rohem Fisch etc. belegt und eingerollt. Die Rollen können mit Seetang (siehe Rezept Seite 46) oder auch dünnem Omelett-Teig umhüllt werden.

Tamarinde —

indische Dattel, Frucht eines zu den Leguminosen zählenden Baumes. Unter der Oberfläche der braunen Schoten sitzt ein saures Fruchtmark, das zum Würzen (u. a. für Worcestershiresauce) und für erfrischende Getränke verwendet wird.

Tapioka —

auch Maniok, Kassava, Yuka — aus den großen Wurzelknollen wird das stärkehaltige, weiße Fruchtfleisch gewonnen, aus dem Arrow-root, Tapiokastärke, Maniokmehl etc. gewonnen wird. Tapiokastärke kann durch ein spezielles Verfahren zu Perl-Tapioka verarbeitet werden.

Tarowurzel —

auch Wasserbrotwurzel-Knollen von unterschiedlicher Größe, reich an Stärke, Vitamin A und C-Träger, Geschmack mild bis scharf (kommen im Sommer frisch aus China und der Karibik). Geputzt, aber nicht gewaschen, sind Taros einige Monate in Erdmieten haltbar.

Tempuramehl —

fertige Mehlmischung für den Tempurateig, in asiatischen Lebensmittelgeschäften erhältlich.

von links: Sukiyaki-Sauce, Teriyaki-Sauce, Oystersauce und Sojasauce

Teriyaki-Sauce —

spezielle Sojasaucen-Zubereitung mit Wein, Essig, Gewürzen und Zucker als Marinade oder Würzflüssigkeit bei allen Grillgerichten wie Grillspießchen mit Huhn (Yakitori).

Thailändischer Schnittlauch —

ein Lilienblütengewächs, sehr aromatisch und dekorativ.

Tofu

»Bohnenquark« aus Sojabohnen. Ähnlich dem Quark aus Kuhmilch, reich an Eiweiß und Mineralsalzen, dabei gleichzeitig fett- und kalorienarm. Hochwertiger und vielseitiger Eiweißspender, insbesondere auch in der vegetarischen Küche. Kann kalt und warm auf alle möglichen Arten zubereitet werden. Frisch, in Lake eingelegt, vakuumverpackt (Kikkoman), in Dosen und Gläsern erhältlich.

Tofu — vielseitig zu verwenden (Kikkoman)

links: Wasabi, angerührt als Paste, Mitte: Wasabi in Pulverform (mit Verpackung), rechts: Wasabipaste geformt, z. B. für Sashimi

Umeboshi

In Salz eingelegte und sauerschmeckende Würzpflaume.

Wakame

Eine Seetangart, die man als Salat oder als Suppeneinlage verwenden kann. Getrocknetes Wakame muß in Wasser eingeweicht werden. Der Seetang vergrößert sich dabei um das 17fache seiner Trockengröße!

Wasabi

Japanischer grüner Meerrettich, der sehr scharf ist und stets separat zum Sashimi-Dip gereicht wird. In Deutschland nur als Pulver oder Würzpaste erhältlich. Das Pulver wird mit etwas Wasser aufgelöst. Wichtig ist das kräftige Durcharbeiten der dabei entstehenden Paste, da sich erst dann der volle Geschmack und das Aroma entwickeln.

Won-Ton Teigblätter —

Auch Wan-Tan, Fertigprodukt, in asiatischen Lebensmittelgeschäften erhältlich.

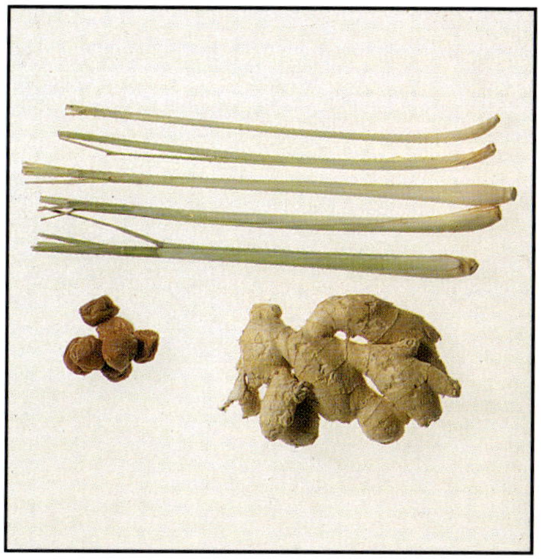
links: Umeboshi (Würzpflaume), oben: Zitronengras, rechts: frische Ingwerknollen

Zitronengras

Schilfartiges, hohes Gras mit intensivem Zitronenaroma, in Stücke geschnitten und gekocht oder feingehackt über Salate und fertige Speisen. Sehr gut: über Zitronengras gedämpfter Fisch (s. Seite 27); frisch oder getrocknet erhältlich. Ersatzweise Zitronenschalenabrieb.

André Jaeger

André Jaeger wurde 1947 in Rümikon im Schweizer Kanton Aargau geboren. Der Wunsch, Koch zu werden und ein Restaurant zu führen, entstand schon im Alter von 10 Jahren. Seine Eltern führten bereits in Rümikon ein kleines, aber excellentes Restaurant, bevor sie 1957 die »Fischerzunft« in Schaffhausen kauften.

In dieser Zeit besuchte André Jaeger das von Jesuiten geführte Kollegium in St. Blasien. Seine berufliche Laufbahn als Hotelier und Koch begann er mit einer Lehre als Koch in der Küche des Hotels *Beau Rivage* in Lausanne-Ouchy. Nach drei Jahren Lehrzeit folgten ein Besuch der Hotelfachschule in Lausanne, Tätigkeit im Service im *Dorchester Hotel* in London sowie eine Ausbildung im Bereich Rezeption/Verwaltung des *Hotel Eden au Lac* in Lugano-Paradiso.

Nach der Hotelschule kam die übliche Militärausbildung bei der Schweizer Armee, die er mit einer Offiziersausbildung abschloß.

1971 wurde er vom *Peninsula Hotel* in Hongkong als Assistent des Wirtschaftsdirektors (Ford & Beverage) eingestellt und übernahm innerhalb dieses Jahres die Leitung der Abteilung. 1972 lernte er seine Frau Doreen kennen, die er 1975 nach seiner Rückkehr in die Schweiz heiratete.

1981 konnte er die »Fischerzunft« von seinem Vater kaufen und begann mit einer Renovierung des Hotels und Restaurants sowie seiner persönlichen Küche.

Die Vergleichbarkeit der westlichen Lebensmittel und Küchen, speziell auch der »nouvelle cuisine«, spornte André Jaeger an, seine eigene asiatisch inspirierte Küche zu entwickeln. Zusätzlich beeinflußte ihn auch die Erkenntnis, daß fettreiche Soßen und Speisen bei einem allgemein gestiegenen Gesundheits- und Fitneßbewußtsein nicht mehr zeitgemäß waren. Der reduzierte Einsatz von Fett machte es allerdings notwendig, nach anderen Aromen, Geschmacksrichtungen und Garmethoden zu suchen. Anregungen dafür fand er reichlich in der asiatischen Küche. Ihm gelang eine faszinierende Synthese: Die Produkte des Westens mit dem Geschmack und der Leichtigkeit fernöstlicher Zubereitungen, so daß Genießen ohne schlechtes Gewissen möglich wurde.

André Jaeger sucht aber auch die Balance zwischen Fremdem und Vertrautem, die Harmonie der Gegensätze, den Ausgleich von »Ying und Yang«.
Der Wunsch, daß auch seine Gäste diese Harmonie beim Eßerlebnis empfinden, ist eine seiner ganz wichtigen schöpferischen Quellen für die »asiatisch inspirierte Küche nach André Jaeger«.

Anrichten

Die Art und Weise, wie ein Koch, ein Hobbykoch oder eine Hausfrau ihre Gerichte präsentieren, ist eine sehr subjektive Angelegenheit und läßt viel Spielraum für Kreativität und Phantasie. Man tut jedoch gut daran, sich individuell Gedanken zu machen, bevor man sich für einen Stil entschließt. Gibt doch nicht zuletzt auch die Anrichteweise Aufschluß über Philosophie, Reife und Verständnis eines Koches. Wenn man mit den Gerichten einen persönlichen Stil entwickeln kann, ist es möglich, auch beim Anrichten seiner Küche einen sehr eigenständigen Stempel aufzudrücken.
Der Möglichkeiten gibt es viele. Ist eine Küche ausgewogen, *»transparent«* und konzeptionell durchdacht, sollte auch das Anrichten dem Konzept entsprechen. Effekthascherei mit unnatürlichen Zutaten, welche nicht zum Gericht selber gehören, finde ich überflüssig und störend. Vielmehr sollte ein Gericht so zusammengestellt sein, daß es farblich und konsistenzmäßig ästhetisch und harmonisch wirkt. Das heißt also, daß das Anrichten eigentlich lange vor dem Teller beginnt. Ist eine Küche ausgewogen und gesund, bestehen die Gerichte aus einer Vielfalt von Zutaten, welche alle auch im Anrichteprozeß eine Rolle spielen. Farbkomposition, Schnittarten und perfekte Garmethoden können die Produkte so vorteilhaft präsentieren, daß oft ein sorgfältiges Hinlegen auf hübsches Geschirr bereits ausreicht.
Da Essen nicht nur Ernährung, sondern auch Erleben bedeuten sollte, haben wir in der *»Fischerzunft«* ein eigenes Konzept für die Präsentation erarbeitet.
Ausgehend vom Gedanken, auch den Augen eine Freude zu bereiten und unter Respektierung der Grundregeln nur eßbare, zum Gericht gehörende Produkte auf den Teller zu geben, haben wir eine Vielfalt von verschiedenem Geschirr angeschafft, welches uns die Möglichkeit gibt, Unterteller zum Beispiel mit Blumen zu dekorieren oder farblich diverse Nuancen in eine Menüfolge zu bringen (siehe Abbildungen Seite 104ff).
Wichtig ist jedoch meines Erachtens, daß wir uns selber Gedanken machen, was uns persönlich am besten gefällt, eventuell Großmutters verstaubtes Porzellan hervorholen oder einen modernen Teller zu Hilfe nehmen, um den monotonen Alltag eines Services, welches wir vielleicht schon jahrelang benutzen, zu unterbrechen und etwas Leben und Abwechslung, Freude und Fröhlichkeit auf unsere Tische zu zaubern.
Weniger ist oft mehr, und ich bin überzeugt, daß das die größte Freude bereitet, was man selber geschaffen hat, ohne andere zu imitieren.

Produkte

Über die Jahre, seit wir uns mit der Synthese östlicher und westlicher Küche beschäftigen, hat sich eine beachtliche Palette an Produkten, welche Verwendung finden, angesammelt. Alle aufzuzählen und zu beschreiben ergäbe ein weiteres Buch.
Persönlich empfehle ich, die Sache langsam anzugehen und sich zuerst mit gewissen elementaren Grundprodukten einzudecken.

Dazu gehören sicher:
- Sojasauce, leicht & dunkel
- Sesamöl, Sesampaste
- Fünf-chinesische-Gewürze-Pulver
- evtl. Wasabipulver
- diverse Currymischungen
- Blackbeans
- Hoi Sin-Sauce
- Ingwer, frisch
- Koriander, frisch
- Szechuanpfeffer

Hat man all dies in seiner Küche vorrätig, kann man beginnen, alltägliche Gerichte, welche bekannt und geläufig sind, anders zu würzen, Butter und Sahne wegzulassen, um zu versuchen, selber neue Geschmacksrichtungen zu entdecken. Wenn es nicht auf Anhieb gelingt, sollte man nicht gleich entmutigt sein und weitersuchen, da viele Gewürze gewöhnungsbedürftig sind und auch nicht zu allem passen.
Hat man sich mit den einfachen Produkten einmal zurechtgefunden, beginnt eine faszinierende Entdeckungsreise und man wird merken, daß die Möglichkeiten unbegrenzt sind. Ist das Interesse erst einmal geweckt, wird man seine Produktpalette stetig erweitern können und laufend ergänzen.

Der Chinese hat einen wunderschönen Leitgedanken, welcher mich sehr geprägt und fasziniert hat:
Er besteht aus einem Bild, welches eine Krabbe, einen Chinakohl und eine Chilischote darstellt. Dazu ganz schlicht der Satz: Aus diesen drei Produkten kann man tausend Dinge bereiten.

André Jaeger

Jürgen Hartmann: Konstanz — Bremen mit kulinarischer Rückfahrkarte über Thailand

Jürgen Hartmann, Jahrgang 1964, begann nach Abschluß einer Berufsfachschule für Hauswirtschaft und Soziales seine Ausbildung als Koch im Restaurant *»Stefanskeller«* — später *»Seehotel Siber«* in Konstanz bei Bertold Siber. Der gute Abschluß seiner Ausbildung veranlaßte seinen Lehrherrn, ihn als Commis und später Chef-Pâtissier und (zur Abrundung) Volontär im Service weiter im Hause zu behalten. Einige Schnupperwochen im Hotel *»Nikko«*, Düsseldorf, brachten ihn in engeren Kontakt mit der japanischen Küche und gaben entscheidende Impulse, die dann bei André Jaeger vertieft wurden. In dessen *»Fischerzunft«* in Schaffhausen war er von 1986 bis 1987 als Chef-Pâtissier tätig und hier gewann er Einblick in die asiatisch inspirierte Küche.
Danach übernahm er die Küchenleitung des *»Topaz«* in Bremen, wo ihm die Möglichkeit gegeben wurde, seinen persönlichen Stil einer leichten, ansprechenden und vor allem kreativen Küche asiatischer Prägung voll zu entfalten und auch in Kochkursen weiter zu vermitteln.

Seine Pläne für die Zukunft: Nach den Lehrsollen nun weitere Wanderjahre folgen. Eines seiner Reiseziele ist Thailand mit neuen Impulsen für seine phantasievolle Küche. Der Leser und Gourmet kann von Jürgen Hartmann noch erfreuliche kulinarische Überraschungen erwarten. In Süddeutschland und der angrenzenden Schweiz darf man sich, wenn alles nach Plan verläuft, auf eine neue Feinschmecker-Adresse in Konstanz freuen.

Gedanken und Tips zum Anrichten von Speisen

Ob Porzellan, Steinzeug, Glas etc. — ich persönlich bevorzuge Geschirr, das in Gestaltung oder Farbgebung klare Formen besitzt. Bei der Auswahl finde ich wichtig, daß das Geschirr die optische Wirkung des Gerichtes und dessen Anrichten vervollkommnet und auf keinen Fall dessen eigentliche Aussage überdeckt oder davon ablenkt. Weniger ist meistens mehr.
Einige Ratschläge für Sie, liebe(r) Hobby-Köchin und Hobby-Koch:

- ○ Machen Sie sich schon bei der Menüzusammenstellung Gedanken über die Auswahl der Anrichtegeschirre und der Präsentation. Mit etwas Phantasie und Ihren vorhandenen Mitteln (Geschirr, Blätter, Gräser und Blüten, evtl. aus dem eigenen Garten und der Jahreszeit entsprechend) können Sie optisch ansprechende Gerichte auf den Teller bringen.
- ○ Mit offenen Augen durch den eigenen Garten gehen. Die Natur gibt uns viele Anregungen zum Anrichten von Speisen; Experimentieren lohnt sich!
- ○ Die Tellergröße dem Gericht anpassen, z. B. keine Kuchenteller für die Hauptgerichte benutzen.
- ○ Ihre Person und Ihre eigenen Möglichkeiten solten beim Anrichten Vorrang haben, Inspiration von außen: ja — krampfhaftes »Zaubern«: nein.
- ○ Beim Anrichten die Teller nicht überladen. Auf das Farbenspiel »Gericht-Anrichtegeschirr« achten, z. B. wirkt in der Regel eine Speise, die viele Farbnuancen enthält, auf weißem, schlichtem Geschirr oder auf Glas besser als auf buntem Geschirr.

Das Austauschen der einzelnen Fleisch-, Fisch- und Gemüsezutaten ist in der Regel immer möglich. Vertrauen Sie einfach Ihrem guten Geschmack und lassen Sie sich vom Lebensmittelangebot der Jahreszeit inspirieren.

Bei der Zusammenstellung der Menüs habe ich darauf geachtet, daß
- ○ alle Gerichte sich gut vorbereiten lassen
- ○ alle Gerichte nach der Vorbereitung rasch zubereitet werden können,
- ○ leichte Saucen, Dips und appetitanregende Würzungen die Speisen abrunden.

Jürgen Hartmann

Rainer Becker: East meets West

Rainer Becker, Jahrgang 1961, hatte schon als Kind den Wunsch, Koch zu werden. Von Mutters Kochtöpfen, in denen er gerne und oft rührte, führte ihn der Weg direkt zur Ausbildung als Koch im Restaurant *»Altes Brauhaus«* in seiner Heimatstadt Bernkastel-Kues.

Bekannte Restaurants waren die Stationen seiner Lehr- und Wanderjahre: Das *»Gürzenich«* in Köln, das schöne *»Goethe-Haus«* in Bensberg unter der Leitung von Ludwig Haupt, die *»Redoute«* in Bonn, Michael Mittermeier's *»Weinhaus Muffendorf«* in Bad Godesberg sowie *»Ile de France«* und *»Königshof«* in München.
Nach der Absolvierung der Meisterschule beim Verband der Deutschen Köche kam er 1988 ins neu eröffnete *»Hyatt Regency Köln«,* wo er nach einem Jahr die Leitung des Gourmet-Restaurant *»Graugans«* übernahm. Hier bot sich ihm die Möglichkeit, seine Kreativität voll zu entfalten, lang gehegte Koch-Wünsche in die Tat umzusetzten und zur Freude seiner Gäste (und der Hotel-Leitung) die europäische Küche mit asiatischen Akzenten zu versehen. Dies versteht er meisterhaft!
Zur kulinarischen Weiterbildung bereiste er Japan und Hongkong. Neue Erkenntnisse und das immer tiefere Verständnis asiatischer Kochkunst und Küchentradition haben seine kulinarische Richtung bestätigt: East meets West.

Küchenphilosophie

»Eine moderne, kreative Küche, versehen mit asiatischen Akzenten — das ist meine »Küchen-Philosophie«.
Das bedeutet: Speisen möglichst einfach zuzubereiten, soweit es die Technik anlangt, denn die unerschöpfliche Vielfalt der asiatischen Geschmacksrichtungen birgt genügend Raffinesse in sich. Besonders bewundernswert in meinen Augen sind die chinesische und japanische Küche, die beide durch ihre Jahrhunderte alte Kochtradition unser modernes Bedürfnis nach gesunder und ausgewogener Ernährung erfüllen.

Das Kochen mit den landesüblichen Kochgeschirren wie Wok oder »Steam-basket« garantiert ein schonendes Garverfahren.
Bei Würzen und Kräutern möchte ich das Zitronengras hervorheben — eines meiner Lieblingsgewürze — das sein einzigartiges Aroma besonders gut beim Dämpfen abgibt.
Die absolute Frische und die Qualität der Produkte sind Garanten für ein gutes Gelingen. Weniger ist mehr! Nicht am falschen Platz sparen, lieber die Portionen etwas kleiner halten, zugunsten der Qualität.
Das Zusammenspiel von Schlichtheit, mit einem Schuß Raffinesse und Präzision sind für mich beim »Komponieren« eines Menüs von besonderem Reiz.
Das Anrichten und Dekorieren der Speisen erfordert etwas Fingerspitzengefühl und Erfindungsreichtum — vielleicht geben Ihnen, verehrte Leserin, verehrter Leser, auch die Aufnahmen in diesem Buch einige Anregungen.
Alle oben genannten Punkte sind für mich Herausforderung, die asiatische Küche in ihrer Vielfalt weiterhin zu »erforschen«, um sie zu immer wieder neuen Gerichten für verwöhnte Gaumenfreunde umzusetzen.

Rainer Becker

Kochen bei Tisch — der Wok mit Rechauds (Silit) eignet sich gut dafür.

Literatur

AID Verbraucherdienst: Frischobst und Frischgemüse exotisch, Nr. 1050, Bonn 1987.

Bailey/Ortiz/Radecka: The Book of Ingredients, London 1980.

Bianchini/Corbetta/Pistoia: The complete Book of Fruits & Vegetables, New York 1975.

Kataoka, H.: Japanisch kochen leicht gemacht, München 1988.

Konishi, K.: Japanisch kochen hält fit und gesund, München 1987.

Kranz, B.: Das große Buch der Früchte, München 1981.

Liebster, G.: Warenkunde Obst & Gemüse, Düsseldorf 1990.

Lo, K.: Das große Buch der chinesischen Kochkunst, Düsseldorf 1980.

Siegrist, K.: Warum leben Japaner länger? Herz, Sport und Gesundheit, Heft 3, 1990.

So, Y.-K.: Das chinesische Kochbuch, München 1984.

Solomon, C.: Das komplette Asien-Kochbuch, Bonn 1978.

Stobart, T.: Lexikon der Gewürze, Kräuter und Würzmittel, Bonn 1974.

Time-Life International: Die chinesische Küche, 1968/70.

Die Küche in Japan, 5. deutsche Auflage 1978.

Tsuji, S. et al.: Original japanische Küche, München 1987.

Nützliche Adressen für die Liebhaber der »Euro-Asiatischen Küche«:

Asiatische Zutaten erhalten Sie in speziellen asiatischen Lebensmittelgeschäften und zunehmend auch in Spezialabteilungen großer Warenhäuser. Wir haben Ihnen eine kleine Auswahl uns bekannter Einkaufsquellen zusammengestellt. Diese Auswahl bedeutet selbstverständlich keine Wertung und ist auch nicht vollständig. Wir nehmen bei der 2. Auflage gerne neue Adressen auf und bitten um entsprechende Bekanntgabe.

KaDeWe
(Kaufhaus des Westens)
Tauentzienstraße 21—26
1000 Berlin 30

Asian Food Shop
(Asiatische Lebensmittel)
Langemarkstraße 162
2800 Bremen
Tel. 04 21 / 50 19 37

Karstadt AG
(Asiatische Lebensmittel und Zubehör)
Obernstraße 5—33
2800 Bremen 1

Firma Robert Oscar Meier & Co.
Importe aus Asien
Traunsteiner Straße 1
2800 Bremen 1
Tel. 04 21 / 39 00 8-11 + 3 99 50
Telefax 04 21 / 3 96 26 32

Ursula Stümper
(Asiatische Curiositäten/Anrichtegeschirr und Zubehör)
Marterburg 29
2800 Bremen 1
Tel. 04 21 / 32 71 86

Topaz-Delikatessen & Mehr
(Asiatische Gewürze & Zubehör)
Ostertorsteinweg 18
2800 Bremen 1
Tel. 04 21 / 7 76 25

Dae Yang
Immermannstraße 21
4000 Düsseldorf
Tel. 02 11 / 16 15 67

Asiatische Lebensmittel
Handoko & Haas
Büro: Berliner Straße 20
6000 Frankfurt/Main 1
Tel. 069 / 29 14 69

Drachen
Ostasiatische Spezialitäten GmbH
Kurt-Schumacher-Straße 2
6000 Frankfurt/Main 1

Gewürz- und Teehaus Schnorr & Co GmbH
Neue Kräme 28
6000 Frankfurt/Main
Tel. 069 / 28 47 17

Superkato Lebensmittel GmbH
Kornmarkt 3
6000 Frankfurt/Main
Tel. 069 / 29 45 44 und 28 10 06

Alsterhaus
Jungfernstieg 16—20
2000 Hamburg 36

Asia Mekong
Beim Strohhause 26
2000 Hamburg 1

Sakai Shoten
Japan Feinkost
Grindelberg 41
2000 Hamburg 13

Vinh Loi
Asien-Markt
Klosterwall 2
2000 Hamburg 1

Toko Jakarta
Palanterstraße 6 D
5000 Köln 41
Tel. 02 21 / 41 28 38

Kim Taro
Friesenstraße 12
5000 Köln 1
Tel. 02 21 / 13 52 55 und 3 80 33

ba-li-Markt
Augustenstraße 38
8000 München 40

Dallmayer
Dienerstraße 15
8000 München 2
Tel. 089 / 2 13 50

Mai Ling
Am Viktualienmarkt
Westenriederstraße 8a
8000 München 2

Feinkost Käfer
Prinzregentenstraße 73
8000 München 80

Feinköst Böhm
Stammhaus Calwer Straße 18
7000 Stuttgart
Tel. 07 11 / 22 12 44

Mayer in der Markthalle
7000 Stuttgart 1
Tel. 07 11 / 24 47 74

Schweizer Stand in der Markthalle
Otto Frei, Inh. Dagmar Heinrich
7000 Stuttgart 1
Tel. 0711 / 24 17 50

Schweiz

Kim Long
4, Rue des Corps Saints
CH-1201 Genève
Tel. (022) 7 32 38 11

China Haus
Kai-Tong & Marianne Chiu
Kernstraße 57
CH-8004 Zürich
Tel. (01) 2 42 26 60

Globus Delicatessa
Schweizergasse 11/Löwenplatz
CH-8001 Zürich
Tel. (01) 2 21 33 11

Jelmoli SA Grands Magasins
Seidenstraße 1
CH-8001 Zürich
Tel. (01) 2 20 47 47

Die Köche und ihre Häuser

Rainer Becker, Restaurant »Graugans«
Hotel HYATT REGENCY KÖLN
Kennedy-Ufer 2a, D-5000 Köln 21
Telefon 02 21 / 8 28 12 34

Jürgen Hartmann, Restaurant »TOPAZ«
Violenstraße 13, D-2800 Bremen 1
Telefon 04 21 / 32 52 58

André Jaeger, Rheinhotel »Fischerzunft«
Rheinquai 8, CH-8200 Schaffhausen
Telefon 00 41-53 / 25 32 81 (Vorwahl aus D)
Das Haus verfügt über 10 exquisit eingerichtete Doppelzimmer. Rechtzeitige Reservierung erforderlich.

Rezepte

Suppen

Currycremesuppe mit Bananen, im Reisblatt gebacken 82
Ingwer-Consommé mit Imperieur, Shiitake und Lattich 106
Kraftbrühe, mit asiatischen Aromen parfümiert und Würfeln von Ingwer-Kartoffeln 94
Rote Bete-Essenz mit Steinbutt-Sushi und Radieschenkeimlingen 46

Saucen

Gemüsesauce mit Fünf Gewürzen 74
Ingwer-Koriander-Dressing 79
Ketchup, exotisch 91
Kokossauce 55
Paprikasauce 107
Sauce aus süßem Sake 95
Sesam-Krokant-Sauce 86
Shiitake-Crème-Sauce 126
Wasabischaum 51
Zimtsauce 83

Gemüse-Gerichte

Chinakohlsalat 127
Gemüseroulade 110
Gemüsesauce mit Fünf Gewürzen 74
Gemüse, süß-sauer eingelegt 26
Gurkensalat, warm, süß-sauer 63
Ingwer-Kartoffel-Würfel 94
Kim-Chee 111
Paprika, pfannengerührt, in Zimtsauce 83
Pfannengerührte Kaiserschoten und Karotten 66
Rote Bete-Essenz 46
Salat von Reisnudeln mit Papaya, Tomaten und Curry 103
Salat von Sprossen und Zuckerschoten 34
Shiitakepilz-Ravioli, pochiert, auf pfannengerührtem Paprika in Zimtsauce 83
Sojasprossensalat mit Minze 71
Wirsingröllchen, gefüllt, mit süß-sauer eingelegtem Gemüse 26
Zucchini-Shiitake-Sandwich 38

Fischgerichte

Californiaroll 123
Crevetten mit Speck 123
Forelle und Lachsforelle, pochiert in Sake, mit Kräutern und Spinat 74
Hummer, mariniert, im Reisblatt auf Kokossauce 55
Lachs, mariniert, und geräucherter Stör, Feuilleté mit Jakobsmuschelkompott und Seeigel an Ingwer 115
Lachs/Tofu-Pralinen an Wasabischaum 51
Langusten-Piccata mit Sesam und Salat von Reisnudeln 103
Riesengarnelen, in der Schale geröstet, auf warmem Gurkensalat, süß-sauer 63
St. Petersfisch (St. Pierre) im Teig gebacken, auf Auberginen und exotischem Ketchup 91
St. Petersfisch (St. Pierre) im Taromantel mit Frühlingszwiebeln 47
Sashimi — roher dünngeschnittener Thunfisch auf weißem Rettich mit grünem Meerrettich und Sojadip 90
Sashimi von Lachs mit geriebenem Rettich 43
Saumonroulade 123
Seezungenfilet, mit Mandeln paniert, und Shiitake-Crème-Sauce 126
Seezungenstreifen, über Zitronengras gedämpft, mit gebackenen Reisloempia 27
Steinbutt, gefüllt mit Mango auf grünem Curry 35
Steinbutt-Navarin, knusprig gebraten mit Fünf Chinesischen Gewürzen und Frühlingszwiebeln mit Paprikasauce 107
Sushi vom Steinbutt 46
Wakamealgen-, Melonen- und Glasnudel-Cocktail mit Ingwer-Koriander-Dressing 79
Won Ton von Jakobsmuscheln auf Sojasprossen 43

Fleischgerichte

Kaninchenstreifen, mit exotischen Gewürzen sautiert, im Salatblatt 54
Lammfilet (vom Milchlamm) mit Minzenudeln und Currycrème 118
Lamm, in Joghurt mariniert, mit gebackenem Zucchini-Shiitake-Sandwich 38
Lamm-Medaillons mit Kokos gebraten auf Gemüsesauce mit Fünf Gewürzen 74
Poulardenbrust-Spieß mit Sateysauce auf pfannengerührten Kaiserschoten und Karotten, Buchweizennudeln 66
Poulardenstreifen, gebraten, mit Sojakernen an Salat von Sprossen und Zuckerschoten 34
Rehrückenfilet mit Gemüseroulade, Sesamspätzle und Jus mit Shanghai-Essig 110
Rinderfiletscheiben, mit Sanshopfeffer gewürzt, auf Sojasprossensalat mit Minze 71
Roastbeef-Rouladen, mariniert und mit Nadelböhnchen gefüllt, an einer Sauce aus süßem Sake, japanischer Reis 95
Teriyaki-Steak mit Chinakohlsalat und Mark-Tempura 127
Teriyaki von der Ente mit pfannengerührten Gemüsen und gebratenen Sobanudeln 58

Beilagen

Bananen im Reisblatt gebacken 82
Chinakohlsalat 127
Gemüseroulade 110
Gemüse, süß-sauer eingelegt 26
Gurkensalat, warm, süß-sauer 63
Ingwer-Kartoffel-Würfel 94
Ketchup, exotisch 91
Kim-Chee 111
Minzenudeln 118
Pfannengerührte Kaiserschoten und Karotten 66
Pfannengerührtes Gemüse58
Reisloempia 27
Salat von Reisnudeln mit Papaya, Tomaten und Curry 103
Salat von Sprossen und Zuckerschoten 34
Sesamspätzle 110
Sobanudeln, gebraten 58
Sojasprossensalat mit Minze 71
Zucchini-Shiitake-Sandwich 38

Desserts

Ananasstreifen, karamelisiert mit Palmzucker, Ingwereis 30
Aprikosen-Mousse (von der japanischen Aprikose) auf Litschikompott 59
Bohnen, süß-sauer (Yude Azuki) mit Tee-Eis 99
Champagnersorbet 111
Crème, gebrannt, mit frischen Beeren und Caramelglace mit Nougat 119
Crêpes, gefüllt mit Kiwi und Ananas auf Sesam-Krokant-Sauce 86
Fruchtsalat, exotisch, mit Umeshu Sorbet 130
Halbgefrorenes aus Honig und Mango auf Vanilleteesauce 98
Ingwereis 30
Kokospralinen 67
Loempia von Rhabarber auf Erdbeersalat 39
Passionsfrucht-Auflauf, warm, auf Passionsfruchtsauce 75
Passionsfruchtcrème mit Champagnersorbet 111
Pflaumenweinsud, warm, mit geeisten Kokospralinen 67
Tamarindensorbet 58
Tee-Eis 99
Tempura von Erdbeeren auf Mangomark und Camparieis 47
Tomme Vandoise, gebraten, mit Kim Chee 111
Umeshu Sorbet 130
Vanilleteesauce 98
Yude Azuki — süße rote Bohnen mit Tee-Eis 99

Bildkochbücher für Könner und Kenner

Hermann Pflaum/Marlis Weber
Vollwertküche für Gourmets

Die kulinarische Visitenkarte von Pflaum's Posthotel in Pegnitz: Top-Rezepte für gesundheitsbewußte Feinschmecker nach den Regeln der Vollwert-Küche.
Ca. 150 Gerichte ohne Fleisch, Menüs für jede Jahreszeit. Aktualisierte Neuauflage, 207 Seiten mit 60 Farbtafeln.

Dario G. C. Querini
Fische & Meeresfrüchte – raffiniert und rustikal

Rund 90 Rezepte für Süß- und Salzwasserfische, Krusten- und Schalentiere vom Mittelmeer bis zur Nordsee. Alles in Farbe! Hinweise für Vorbereitung, Zubereitung, Garmethoden und -zeiten. 144 Seiten.

Hans Peter Bieuel
Raffiniertes aus Einem Topf

Außergewöhnliches servieren und trotzdem Zeit haben für Plaudereien im Gästekreis. Aufläufe, Gratins, Suppen, Salate, Eintöpfe, Fondues, Pastas und Pasteten. Internationale Rezepte, die nicht jeder kennt.
157 Seiten mit 30 Farbtafeln.

Christina Kleiner-Röhr
Gesunde Genüsse – schnell und fein

Festliche Gerichte, Kniffe und rationeller Geräteeinsatz in der Vollwertküche.
151 Seiten mit 30 Farbtafeln, Geschenkband mit Schutzumschlag.

B. Hausch/L. Reinirkens
Die Küche der Toscana – Land und Menschen

218 Seiten, rund 100 Fotos.
Erweiterte Neuauflage mit Sonderkapitel »Restaurants und Weingüter in der Toscana« von Wolfgang O. Steinhardt.

Horst Scharfenberg · Die Küchen Amerikas

Die kulinarische Entdeckung der USA. Lukullische »Highlights«, von den Einwanderern überlieferte oder von den Indianern übernommene Rezepte mit ihren Geschichten und Besonderheiten. Einfache Genüsse und überraschende Kreationen. Rund 200 Seiten mit vielen Fotos.

Irène de Font-Verger / Remi Michel
Die Küche der Provence – Land und Menschen

Der große kulinarische Bildband aus der Provence mit Originalrezepten der Region, Insider-Tips und Informationen über Wein, Olivenöl, Trüffel, Kräuter, Läden und Lokale. 238 Seiten mit rund 160 Fotos, großformatiger Geschenkband.

Authentische Rezepte!

Weitere Informationen bei:
WALTER HÄDECKE VERLAG · D-7252 WEIL DER STADT